KB232969

프랜차이즈 시스템의 심층적 理解:

관계마케팅 어프로치

프랜차이즈 시스템의 심층적 理解:

관계마케팅 어프로치

조 규 호

머리말

일찍이 미래학자인 존 나이스비트(John Naisbitt)가 프랜차이즈 시스템을 '현재까지 만들어진 것 중 가장 성공한 마케팅 개념'이라 소개했듯이 프랜차이즈는 선진국에서 뿐만 아니라 우리나라에서도 급속한 성장세를 보이는 대표적인 소매사업 형태가 되고 있다.

우리나라의 경우 2005년 7월말 현재 프랜차이즈 사업자 수가 본사형태 2,211개, 가맹점 수 28만 개로 종사자 수가 약 83만 명으로 추정되고 있다. 국내 프랜차이즈 산업은 2005년 연간 매출액이 명목 GDP(국내 총생산)의 7.9%에 해당하는 약 61조 원으로 추계될 정도로 이미 중요한 산업으로 성장했다.

이렇듯 상당한 산업 비중을 차지하고 있는 프랜차이즈는 특히 소매업계에서 운영主體인 가맹본부의 생존력과 경쟁력 확보 차원에서 활용되고 있지만 가맹점 입장에서는 창업성공률이 높은 비교적 손쉬운 창업형태로서 주목의 대상이 되고 있다.

본고는 프랜차이즈 시스템이 앞으로도 산업구조의 중요한 위치를 차지하고 그 역할이 막대할 것이란 전망을 하면서 올바른 활용방향과 관리방법을 제시코자 수행된 학술적 연구를 정리한 것이다.

본 연구는 관계마케팅 관점에서 전개되었다. 이는 프랜차이즈 시스템에서 가맹본부와 가맹점 간의 장기적 협력관계를 중요한 포인트로 여긴다는 것이다. 프랜차이즈에 대한 이론적 고찰과 성공요인 분석, 그리고 실증연구 수행을 통해 이 같은 시각을 얻게 되었고 확인할 수 있었다. 특히 실증연구에서는 프랜차이즈 시스템 가맹본부의 일정한 운영구조적 특성 내지 전략적 특성이 상호간의 관계적 특성요소에 영향을 미치고 이러한 관계특성요소들이 다시 가맹점과 가맹본사 간의 신뢰 및 관계몰입에 영향을 미치는가를 실증적으로 파악하는 것을 주된 연구목적으로 이루어졌는데 여기서도 관계마케팅적 관계관리의 중요성을 확인할 수 있었다.

본 연구의 요점은 프랜차이즈 시스템이란 가맹본부가 가맹점의 창업을 대행 지원하는 차원에서 가맹본부와 가맹점 간 비교적 단기적인 거래파트너로 이루어지는 창업지원 관계가 아니고 장기적 관계형성을 향한 상호 신뢰, 몰입 등 관계적 특성요소를 근거로 형성되고 발전되는 지속적인 상호 협력적 운영의 관계구조라는 것이다.

실증연구에서 확인한 사실을 요약하면 다음과 같다.

첫째, 프랜차이즈 시스템에서 관계특성에 영향을 유의적으로 미치는 요인으로는 상품·식자재공급관계, 가맹점 선정 엄격성, 교육지도 등으로 나타났다. 가맹점 선정 엄격성과 교육·지도 변수는 관계규범에, 그리고 상품·식자재공급관계 변수는 상호 의존성에 영향을 주는 것으로 파악되었다. 가맹점 선정을 엄격히 할수록 상호간의 관계규범 준수 수준이 높아진다는 것은 일정한 자격을 갖춘 가맹점주와 가맹본사는 상호간의 정보교환과 역할보전 등의 이행을 중시한다는 사실인데 매우 중요한 연구결과로 판단된다. 또한 교육·지도수준이 높을수록 관계규범 준수도 잘 된다는 것 역시 교육 및 사후 점포지도를 통해 상호간의 정보교환은 물론 역할이행의 의무감을 느끼게 하는 기회가 되기 때문인 것으로 이해할 수 있어 매우 유용하게 받아들여져야 할 연구결과로 보인다. 상품·식자재 공급수준이 높으면 상호 의존성이 높아진다는 것은 가맹본사의 고유상품을 물류지원하는 것이 상호 관계형성에 중요하다는 것이다.

둘째, 경쟁도와 비용효율성 변수는 관계특성변수에 영향을 미치지 못하는 것으로 나타났는데 이는 가맹점들의 경쟁도 인식이 가맹본사와의 관련성까지는 미치지 않고 있음을 알 수 있는 것이다. 비용효율성 개념은 우리나라의 가맹업계의 특성상 아직은 프랜차이즈 시스템을 장기적인 관계지속으로 가능한 가맹점운영의 비용절감 수단으로 인식하지 못한 데에서 기인하는 것으로 해석할 수 있겠다. 다시 말하면 아직까지 창업단계에서만 이루어지는 단속적 거래관계에 그치고 있다는 것이다. 특히 대리비용, 거래비용, 탐색비용 등의 비용절감차원의 운영일수록 관계의 질이 높아지는 것으로 파악한 Hopkinson과 Hogarth-Scott(1999)의 연구처럼 결과가 나오지 않은 것은 이러한 우리 프랜차이즈 업계의 취약점 때문인 것으로 판단된다.

본 연구의 결과는 다음과 같은 실무적 시사점을 제시하고 있다.

첫째, 프랜차이즈 시스템에 있어서 프랜차이즈 시스템을 구축하고 신규가맹점을 모집하고 계약체결 등으로 수입을 올리는 것보다 사업성과 관리상 중요한 것은 협력과 관계몰입을 유도하는 관계관리 강화로의 수입 제고가 필요하다는 것이다. 프랜차이즈 시스템은 신뢰와 몰입 등의 가맹본사와 가맹점 간의 관계의 質에 근거하여 형성되고 발전되는 것이기 때문이다.

둘째, 가맹사업을 성공적으로 하려면 가맹점 선정의 엄격성과 본사 상품의 안정된 공급수준을 높이는 것이 필요하다는 것이다. 이들 요소가 관계규범과 상호 의존성 등의 상호 관계성을 높이고 최종적인 기업성과에 영향을 미치는 관계의 질에도 긍정적인 영향을 미치기 때문이다.

셋째, 가맹점에 대한 교육훈련과 지속적인 사후관리도 마찬가지로 가맹본사들이 강화해야 할 사항이다. 가맹점들이 필요로 하는 상품지원, 그리고 광고 등의 물질적인 지원도 중요하지만 상호간의 신뢰와 관계몰입에 긍정적인 영향을 미치는 관계적 특성 제고에는 공동의 사업의식 고취와 상호 협력 이행을 시사하는 정보지원 차원의 교육과 사후지도가 한층 중요하게 작용하기 때문이다.

본고는 본 저자의 학위논문과 최근자료를 근거로 만들어졌다. 프랜차이즈의 새로운 중흥기를 맞이하고 있는 2006년 후반기 시점에서 앞으로 더욱 관계마케팅적 시각과 관리방법이 요구된다고 판단하였고 그리하여 최근 학술자료와 현황을 업데이트하여 이루어졌다. 미흡한 면이 많이 있을 줄 안다. 강호제현의 많은 관심과 질책을 바라는 바이다.

끝으로 이 책이 나오기까지 격려와 수고를 해 주신 한국학술정보(주)의 권현옥 팀장님과 채종준 사장님께 감사를 드린다.

이 책이 우리나라 프랜차이즈 업계의 발전에 조그만 일조를 하여 세계적인 우리의 토종 브랜드가 많이 나오기를 진심으로 기원해마지 않는다.

2006. 10. 청주 구룡산 서원골에서

조 규 호 書

차　례

Ⅰ. 서 론

기업 환경은 그야말로 다양한 각도로 급변하는 모습을 가지고 있는 것이어서 일개 기업단위가 많은 비용을 부담하면서 환경변화에 대해 적절한 대응을 완전하게 할 수는 없다. 따라서 큰 비용 없이 기업활동 범위의 경계선을 넓히며 필요한 자원, 정보 및 기술을 얻을 수 있는 프랜차이즈 시스템의 활용은 매우 가치 있는 것으로 인식된다. 프랜차이즈 시스템은 동태적 환경에 탄력적이면서 유연한 조직구조로서의 운영의 경제성을 가진 조직체계로서 평가를 받고 있기 때문이다(Hoffman과 Preble, 1991; 홍성태, 1999). 환경변화가 심한 상황 속에서는 자원이 부족한 업체들이 경쟁력을 가지려면 기업 통합적인 구조보다는 아웃소싱 등의 이용할 수 있는 유연한 조직구조 형태로 상호 협력을 할 필요가 있는 것이다.

프랜차이즈 시스템은 이 같은 이유로 운영주체의 산업경쟁력 확보 차원의 수단이 되기도 하지만 가맹점 입장에서도 창업성공률이 높은 비교적 손쉬운 창업형태로서 평가를 받고 있다(이창호, 2006; 김병국, 1998).

소매업체에서 큰 비중을 차지하게 된 프랜차이즈 시스템은 원래가 가맹본사와 가맹점 간의 상호 협력을 근간으로 하는 것으로 프랜차이즈 시스템을 운영하고 있는 업체 간에는 가맹점 관계관리를 어떻게 하느냐에 따라 차별적 경쟁우위가 정해지고 프랜차이즈 시스템의 운영성과에도 큰 차이가 나는 것이라 볼 수 있다(전달영·강봉희, 2000). 그리고 가맹본사와 가맹점의 관계뿐만 아니라 고객과의 관계에서 장기적 상호 관계형성 및 유지 관리, 즉 관계마케팅적 관리 사고가 가맹사업의 운영에서 크게 작용하고 있다. 다시 말하면 가맹점들은 가맹본사와 한두 번의 거래로 가맹관계를 갖는 것이 아니고 같은 상호와 같은 품질 아래 상품공급관계, 교육지도관계, 공동마케팅 협력관계 등으로 공생적 관계마케팅을 실시하고 있는 것이고 해당 브랜드에 충성적인 고객들과도 동일한 고객가치를 창출하는 관계마케팅을 형성하고 유지해 나가는 것이라 이해되고 있다.

그럼에도 불구하고 실제로 우리나라의 프랜차이즈 시스템의 운영현황을 보건대, 많은 업체가 가맹본사나 가맹점의 관계마케팅적 차원에서의 상호 관계성을 중요하게 인식하지 못하고 있으며, 있다 하더라도 어떻게 상호 관계를 관리하여야 하는지에 대해서는 잘 알고 있지 못하다. 또한 이 분야에 대한 학문적 연구도 보기 힘든 것이 사실이다. 최근의 마케팅 업계와 학계에서는 단기적(short-term)이고 단편적 교환거래(discrete exchange transaction)의 상호 독립적인 이해관계로부터 장기적(long-term)이고 반복적인 상호 작용관계를 강조하는 전략적 제휴, 합작투자, 파트너십 형성 등과 같은 관계마케팅이 강조되고 있는데 프랜차이즈 시스템이야말로 상호 협력적 차원에서의 관계마케팅 접근방식이 필요한 분야라고 하겠다.

그동안의 프랜차이즈 성과에 관한 연구는 프랜차이즈 시스템을 유통경로 시스템의 하나로서 시장거래체계상의 가맹본사와 가맹점 간의 거래관계로 보아 프랜차이즈 시스템 성과에 미치는 광고지원 등의 가맹본사의 특성 또는 전략요인을 파악하는 수준이었다(Shane, 1998; Lewis와 Lambert, 1991; Hough, 1986). 또한 다른 마케팅 경로에 대한 연구와 마찬가지로 미시경제학적 접근방식 또는 유통경로 구성원 간의 행동주의적 분석입장에 의한 것들이었다는 평가이다(Stern과 Reve, 1980; Hopkinson과 Hogarth-Scott, 1999). 즉 상호간에 비용과 이익배분을 따지고 의사결정의 주도권을 대상으로 한 각각의 기회주의적 행동에 관한 분석시각이었다.

프랜차이즈 시스템은 다시 말하건대 상호 이익을 근간으로 하는 상호 의존성 관계에서 출발한 가맹 체계를 가진 조직이다. 가맹점 관리상의 관계특성요소를 어떻게 관리하느냐에 따라 가맹점의 사업 만족뿐만 아니라 프랜차이즈 시스템의 가맹점과 가맹본사 모두의 성과가 결정되는 것으로서 공생관계를 제시하는 관계마케팅적 사고, 즉 상호성, 장기지향성, 관계규범, 상호 신뢰 등을 중시하는 관점의 연구가 필요한 것이다. 이는 기존의 수직계층적 관계, 즉 한쪽은 파워 행사를 하고 다른 쪽은 통제, 지시를 따르는 비대칭적 의존관계와는 다른 관점의 것이다.

본고에서는 이 같은 장기적 상호협력의 상호이익을 중시하는 관계마케팅 패러다임 속에서 프랜차이즈 시스템을 심층 연구, 분석해 보고자 한다.

가맹본사와 가맹점 간의 관계가 수평적 협력관계로서 동등한 권리, 의무의 상생조합체가 되어야 한다는 이상적 전제하에 논문을 전개하되 현실적 상황을 파악하는 문헌고찰과 실증적 분석을 병행하고자 한다.

본고는 다음과 같이 엮어진다.

제1장 서론에서는 본 논문의 필요성과 기본방향, 관점이 다루어진다. 제2장에서는 국내 프랜차이즈 산업 현황과 발전전망을 '2005년 실태조사' 자료를 근거로 알아보고, 제3장에서는 프랜차이즈 시스템에 대한 이론적 고찰이 이루어진다. 제4장에서는 별도로 프랜차이즈 시스템의 성과 결정요인을 정리해 본다. 제5장에서는 프랜차이즈 시스템을 관계마케팅 시각에서 해석하고 제6장에서 이러한 관점을 실증적으로 확인

하는 차원에서 실증연구를 실시한다. 끝으로 제7장에서는 이러한 실증 연구의 결과 요약과 함께 전체 논문의 결어를 기술한다.

II. 국내 프랜차이즈 산업 현황과 발전전망[1]

1. 규모 현황과 전망

프랜차이즈 산업은 표준화된 매뉴얼과 점포 가맹화를 통해 사업을 확장해가는 21세기 유통시스템의 핵으로 평가받고 있다.

산업자원부 지원으로 한국프랜차이즈협회가 실시한 '2005 프랜차이즈 산업 실태조사'에 따르면 우리나라 프랜차이즈 산업 전체 매출은 61조 원으로 GDP(국내총생산) 대비 7.9%를 점유하는 중요한 산업으로 성장했다.

세계적으로 프랜차이즈 산업이 가장 발달한 미국의 경우 프랜차이즈 산업이 GDP에서 차지하는 비중이 12~14%에 이르고 있어 국내 프랜차이즈 산업은 향후에도 성장 잠재력이 충분하다고 볼 수 있다. 2010년이면 매출 114조 원으로 명목 GDP 대비 9%대로 비약적인 성장이

---

1) 여기서의 프랜차이즈 산업 현황과 발전 등에 관한 내용은 한국프랜차이즈협회가 조사한 '2005 프랜차이즈 산업 실태조사' 보고서를 참고하였다.

예측되고 있다.

이처럼 프랜차이즈 산업은 경제성장에 지속적으로 기여해 오고 있다. 미국과 일본에서는 프랜차이즈 산업이 연평균 10%안팎의 성장세를 실현해 나가고 있다. 우리나라의 경우에도 지난 3년간 내수부진에도 불구하고 가맹본부 수 38%, 매출액 47%, 가맹점 수 137%의 높은 성장을 기록했다.

현재 국내 프랜차이즈 산업의 총가맹본부 수는 2,211개, 가맹점 수 28만 개, 종사자 수 약 83만 명으로 추정된다.

<표 1> 국내 프랜차이즈 산업 매출액

업 종	2002년 추정(조원)	2005년 추정(조원)	'02년 대비 '05년 증감률(%)	비 고
외식업	11.18 (26.8%)	24.07 (39.3%)	115.3	
소매업*	26.08 (62.5%)	34.13 (55.7%)	30.9	
서비스업	4.43 (10.6%)	3.11 (5.0%)	-29.8	
계	41.69 (100%)	61.31 (100%)	47.1	

* 식품소매업 포함

<표 2> 국내 프랜차이즈 산업 가맹본부 수

업 종	2002년 추정(개)	2005년 추정(개)	'02년 대비 05년 증감률(%)	비 고
외식업	559 (34.9%)	1,194 (54.0%)	113.6	
소매업*	817 (51.0%)	515 (23.3%)	-37.0	

업 종	2002년 추정(개)	2005년 추정(개)	'02년 대비 05년 증감률(%)	비 고
서비스업	224 (14.0%)	502 (22.7%)	124.1	
계	1,600 (100%)	2,211 (100%)	38.2	

* 식품소매업 포함

<표 3> 국내 프랜차이즈 가맹점 수

업 종	2002년 추정(개)	2005년 추정(개)	'02년 대비 '05년 증감률(%)	비 고
외식업	50,873 (42.5%)	141,992 (50.0%)	179.1	
소매업*	44,175 (37.0%)	87,511 (30.8%)	98.1	*식품소매업 포함
서비스업	24,575 (20.6%)	54,679 (19.2%)	122.5	
계	119,623 (100%)	284,182 (100%)	137.6	

그리고 매년 2만8000개의 신규 점포가 개설돼 약 8만3000명의 신규 고용창출에 기여할 것으로 기대되고 있다. 투자 측면에서 점포당 평균 초기 투자액이 1억 1650만 원으로 연간 1만 개 신규 점포 개점 시 1조 2000억 원 가까운 투자촉진 및 소자본창업 효과를 내는 것으로 나타나고 있다.

그러나 프랜차이즈 산업은 특히 내실 면에서 아직 선진국에 비해 많이 뒤떨어져 있는 것이 사실이다. 우선 일본과 미국에 비해 경제력과 인구 면에서 큰 차이가 있음에도 불구, 프랜차이즈 가맹본부 수가 별 차이가 없는 것을 보면 국내 프랜차이즈 본사가 얼마나 난립해 있는지 잘 드러난다. 미국의 경우 프랜차이즈 본사의 평균 존속기간이 12년인

데 비해 국내 가맹본사는 5.4년일 정도로 불안정한 실정이다. 또한 가맹계약기간도 미국이 평균 10.3년인 반면, 한국이 평균 2.1년으로 나타났으며 로열티 지급도 미국은 전체 가맹본사의 80%가 받고 있는 반면 한국은 오직 18% 정도만 받고 있는 것으로 조사되었다. 국내의 가맹본사는 그만큼 견실한 운영이 되고 있지 못하는 사실이다. 이유인 즉 유행을 쫓아 설치는 프랜차이즈 사업자, 다시 말해 '이거다' 싶으면 물불을 가리지 않고 덤벼드는 프랜차이즈꾼들 때문에 브랜드가 난립하고 이런 연유로 과당경쟁과 업계 공멸의 악순환이란 부작용이 끊이지 않는 것이다(매일경제, 2005.4.15자). 한마디로 함량미달의 가맹본사 때문에 안정적인 운영은커녕, 가맹점의 피해는 좀처럼 줄어들지 않고 있으며 업계전체의 업그레이드가 지연되고 있는 것이다.

　정부는 이 같은 문제점 해결과 함께 지원책을 통해 국민경제적 중요성이 커진 프랜차이즈 산업을 한층 더 육성해 나가야 할 것이다.

2. 프랜차이즈 가맹본사 현황

1) 프랜차이즈 본부운영 실태

　본부들이 프랜차이즈 사업을 시작한 연도는 '2001년 이상'(44.8%)이 가장 많았고, 이어서 '1996~2000년'(32.9%), '1990년 이하'(12.3%), '1991~1995년'(9.4%) 등의 순으로 나타나 신생 본부의 비중이 높았다. 이를 사업기간으로 환산하면 평균 사업 지속기간은 6.8년이었다. 2002년 조사시 4.9년으로 나타난 것에 비해 다소 늘어난 것을 알 수 있다.

프랜차이즈 주력업종으로는 '패스트푸드가 아닌 음식사업'(29.7%)이 가장 많았고, 이어서 '소매업'(22.9%), '패스트푸드 사업'(17.7%), '식품 소매업'(7.4%)의 순으로 나타났다.

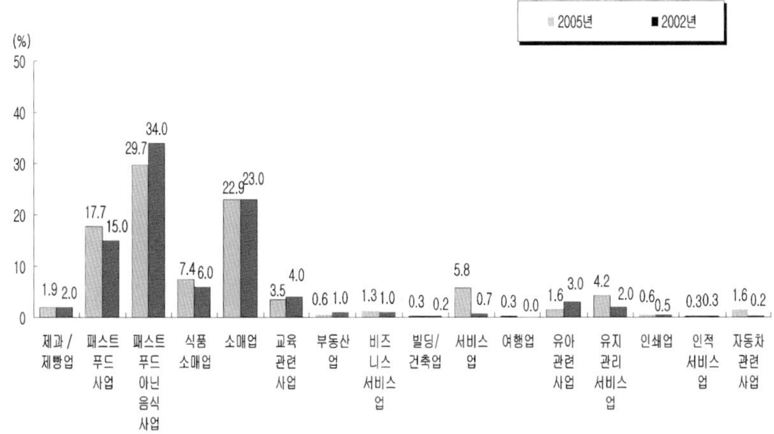

<그림 1> 프랜차이즈 주력업종

본부에서 운영하는 프랜차이즈 브랜드 수는 평균 2.0개였고 '1개'가 62.6%로 가장 많았고, 다음으로 '2개'(17.4%)의 순이었다. 한편, '5개 이상의 브랜드를 운영하는 본부의 비율도 8.4%로 비교적 높았다.

프랜차이즈 본부의 사업초기 사업자금조달원으로는 '본인 소유자본'(74.5%) 이 가장 많았고, 이어서 '공동출자(주식회사의 경우)'(15.5%), '은행 / 금융사 대출'(4.5%) 등의 순으로 나타났다.

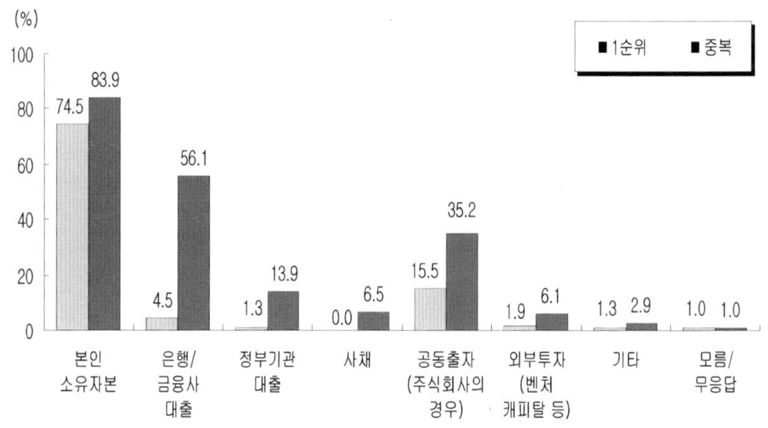

<그림 2> 사업자금조달원

현재 운영 중에 있는 프랜차이즈 본부의 자본금은 평균 25억 1천7백만 원 정도로, 절반 이상의 프랜차이즈 본부가 '1~10억 미만'(54.2%)의 자본금을 보유하고 있으며 1억 미만도 13.2%를 차지하는 것으로 조사되었다.

그리고 현재 한 본부당 개설되어 있는 프랜차이즈 가맹점 수는 평균 159.4개로 나타나 2002년의 74.8개에 비해 2배 이상 증가하였고 현재 한 본부당 개설되어 있는 프랜차이즈 직영점포 수는 평균 12.0개로, 2002년의 7.1개에 비해 50% 이상 증가한 것으로 나타났다.

한편 현재 운영 중인 프랜차이즈 브랜드 중 해외에 진출한 브랜드를 소유한 본부는 16.1%였으며, 향후 1년 이내에 해외진출을 계획하고 있는 본부 또한 12.3%에 달해 프랜차이즈 본부 4개 중 1개꼴로 운영 중인 브랜드를 이미 해외에 진출시켰거나 향후 진출시킬 계획 중에 있는 것으로 나타났다. 현재 해외에 진출한 프랜차이즈 브랜드의 해외진출 국가로는 '중국'(54.0%)이 가장 많았고, 이어서 '미국'(26.0%), '일본'(20.0%), '호주'(12.0%) 등의 순이었다. 현재 해외에 진출해 있는 프랜차이즈 본부의 대다수가 '50개 이하'(83.3%)의 해외점포 수를 가지고 있는 것으로 나타났다. 해외진출 중인 프랜차이즈 본부의 최초 해외진출 년도는 '2001년 이상'(73.1%)이 가장 많았고, 이어서 '1996~2000년'(15.4%), '1991~1995년'(2.6%), '1990년 이하'(1.3%)의 순으로 나타나 대부분의 본부들이 최근 5년 내에 해외에 진출했던 것으로 조사되었다.

프랜차이즈 본부에 근무하는 수퍼바이저(가맹점지도원)는 본부당 평균 9.4명 정도로 나타났고 프랜차이즈 본부에 근무하는 수퍼바이저(가맹점지도원)의 가맹점당 월평균 방문횟수는 3.00회로 대다수의 본부들이 월평균 1~3회 정도 가맹점을 방문하고 있었으며, 한 달에 한 번도 방문하지 않는 본부 또한 전체의 10% 정도에 달하는 것으로 파악되었다.

프랜차이즈 본부에서 운영하고 있는 교육의 횟수는 1년에 평균 15.51회로 교육 내용 구성비는 '영업관련 교육'(6.72회), '기술향상 관련 교육'(5.32회), '정신교육'(3.03회)의 순으로 나타났다.

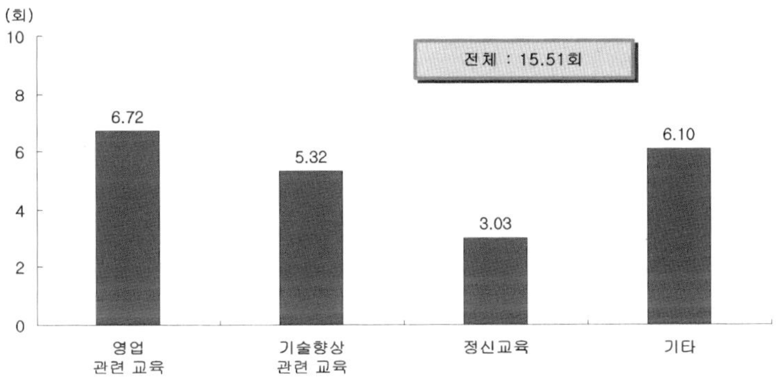

<그림 3> 프랜차이즈 운영교육 횟수

프랜차이즈 본부는 본부관련 매뉴얼로 '운영매뉴얼'(84.5%)을 가장 많이 보유하고 있었으며, 이어서 '직원교육 매뉴얼'(77.4%), '경영전략 매뉴얼' (68.4%), '점포개발 매뉴얼'(65.2%), '판촉홍보 매뉴얼'(64.8%),

‘슈퍼바이징 매뉴얼’(64.5%) 등의 순으로 나타나 주로 본사관리 차원의 거시적인 경영 및 표준화된 운영 관련 콘텐츠 등을 보유하고 있는 것으로 나타났다.

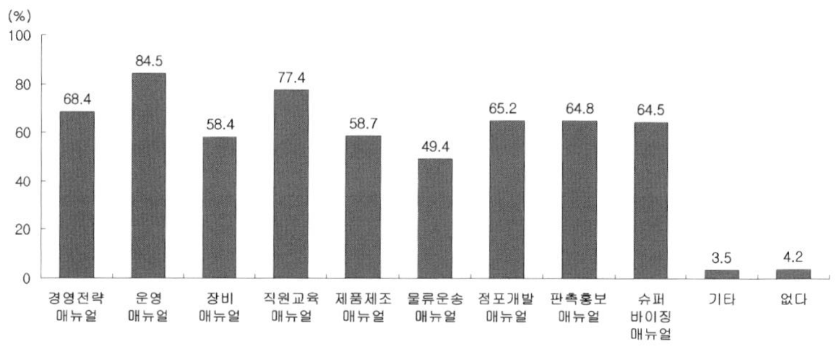

<그림 4> 본부관련 매뉴얼 보유현황

프랜차이즈 본부는 가맹점관련 매뉴얼로 ‘점포운영매뉴얼’(80.3%)을 가장 많이 보유하고 있었으며, 이어서 ‘서비스 매뉴얼’(78.4%), ‘상품관리매뉴얼’(74.2%), ‘가맹점 교육훈련 매뉴얼’(66.1%) 등의 순으로 보유하고 있는 것으로 나타나, 거시적인 경영 위주의 본부관련 매뉴얼에 비해 주로 세부적인 운영지침과 관련된 콘텐츠 등을 보유하고 있는 것으로 파악되었다.

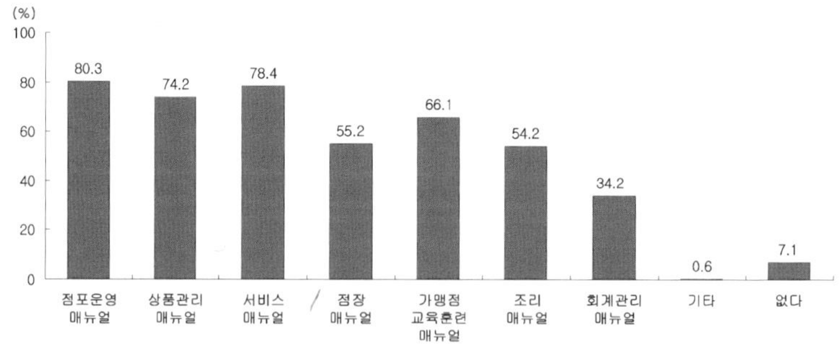

<그림 5> 가맹점관련 매뉴얼 보유현황

　프랜차이즈 본부의 종업원 현황을 살펴보면 전체 평균 90.6명의 종업원을 고용하고 있었으며, 그중 정규직은 평균 71.0명이고 비정규직은 19.4명인 것으로 나타났다.

2) 프랜차이즈 본사의 수익 및 비용구조

　작년 한 해 동안의 프랜차이즈 본부의 총매출액은 평균 477.82억 원으로 나타나 매우 높은 매출액을 보였지만 구간별로 살펴볼 때 201억 원 이상의 매출을 올린 본부는 16.8%에 불과해 프랜차이즈 본부 간 매출격차가 매우 큰 것으로 나타났다. 2002년도 총매출액은 평균 116.60억 원이었다.

　프랜차이즈 본부의 가맹점 초기 가맹비용은 평균 1456.5만 원으로 2002년의 872만 원에 비해 크게 증가하였다. 가맹점 초기 가맹비용으로는 '500만 원 이하'(33.2%)가 가장 많았고, 이어서 '1001~5000만 원'(22.3%), '501~1000만 원'(18.1%)의 순이었으며, 초기 가맹비가 없는 경우도 17.1%인 것으로 나타났다.

　한편 가맹점에 대해 로열티를 부과하고 있는 프랜차이즈 본부는 전체 본부 중 34.8%로 나타났으며 프랜차이즈 본부 중 가맹점에 대해 로열티를 부과하고 있는 본부는 '매달 일정 금액'(46.3%)을 부과하는 방식을 가장 많이 이용하고 있었으며, 다음으로는 '매출액 대비 비율'(33.3%)의 순이었다.

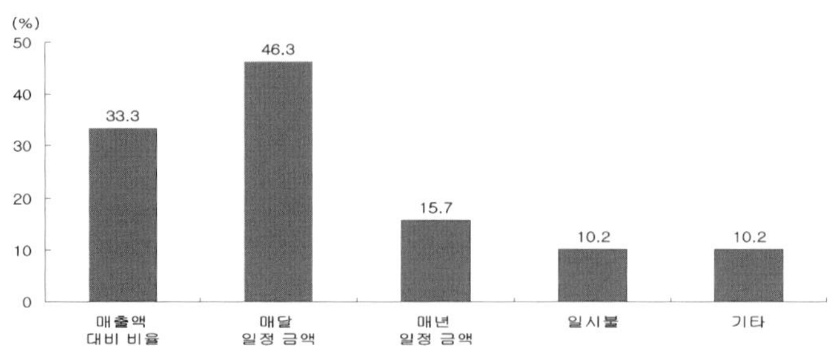

<그림 6> 로열티 부과방식

매출액을 기준으로 로열티를 부과하고 있는 프랜차이즈 본부는 매출액 대비 평균 12.5%의 로열티를 지불하고 있는 것으로 나타났다. 2002년도에는 16.00%였다. 매달 일정 금액을 로열티로 부과하고 있는 프랜차이즈 본부는 월평균 29만7천 원의 로열티를 지불하고 있었고 '30만 원 이하'를 지불하고 있는 업체가 전체의 2/3정도를 차지하고 있었다. 매년 일정 금액을 로열티로 부과하고 있는 프랜차이즈 본부는 연평균 238만5천 원의 로열티를 지불하고 있었다.

그리고 프랜차이즈 본부의 가맹점 초기 투자비용(부동산 관련 금액 제외)은 평균 8,056만 원인 것으로 나타나 2002년의 6,187만 원에 비해 약 25%가량 증가하였다.

3) 프랜차이즈 가맹계약

표준계약서 양식을 사용하고 있는 업체는 전체의 95.2%로 2002년과 거의 차이가 없는 것으로 나타났다.

최초로 프랜차이즈 가맹계약 시 계약기간은 평균 2.22년으로 나타나 2002년의 2.07년에 비해 다소 증가한 것으로 나타났으며 프랜차이즈 가맹계약 갱신 시의 계약기간은 평균 1.86년으로 나타나 2002년의 1.75년에 비해 다소 증가한 것으로 조사되었다.

프랜차이즈 본부운영 시 가맹점주와의 분쟁사례 중 자주 발생하는 쟁점으로는 '영업지원 불만족 관련사항'(30.3%)이 가장 많았고, 이어서 '인테리어 비용 관련사항'(15.5%), '상권보장 사항(인근지역 신규가맹점 개설 등)' (12.9%)의 순으로 나타났다.

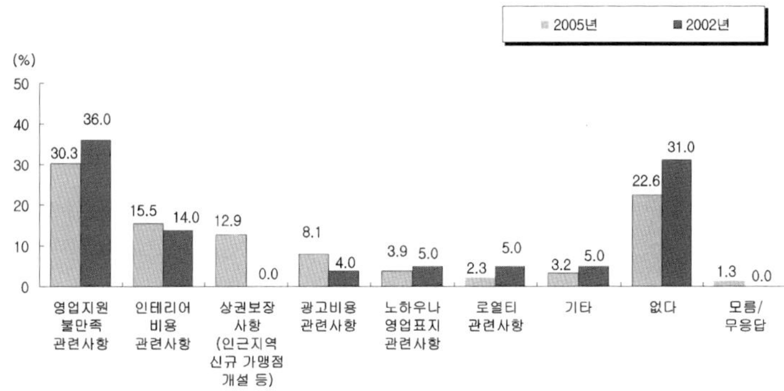

<그림 7> **본부와 가맹점 간 분쟁의 쟁점**(1순위)

4) 프랜차이즈 가맹점포 운영지원

현재 도입하여 운영하고 있는 시스템에 대해서 물어본 결과, 인적자원관리시스템을 제외한 다른 시스템에 대해서는 60% 이상의 가맹본부들이 운영하고 있는 것으로 나타났으며, 관련 시스템이 전혀 없는 경우는 12.9%로 파악되었다.

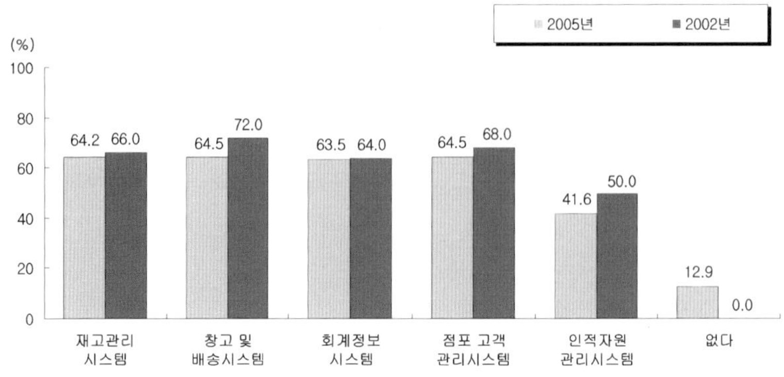

<그림 8> 프랜차이즈 시스템 운영현황

현재 시스템을 운영하고 있지 않은 본부에게 도입 필요성을 물어본 결과, 각각의 시스템에 대해 과반수가 도입 필요성을 인식하고 있으며, '점포고객 관리시스템'(65.1%), '인적자원관리시스템'(62.8%) 등이 상대적으로 높게 나타났다.

2004년 한 해 동안 국내 개 / 폐점 점포 수를 살펴보면, 개점한 전체 점포 수는 평균 30.2개이고, 폐점한 점포 수는 8.4개로 나타났으며, 가맹점의 경우 개점한 점포 수는 평균 25.8개, 폐점한 점포 수는 7.5개로 나타났다. 2002년 개점 점포 수는 27.1개, 폐점 점포 수는 6.9개였다.

5) 프랜차이즈 물류환경 및 물류공동화

공급업체로부터 납품을 받는 방식은 '대부분 공급업체에서 당사 창고까지 개별 납품'을 받는 방식이 43.5%로 다른 방식에 비해 상대적으로 높았다.

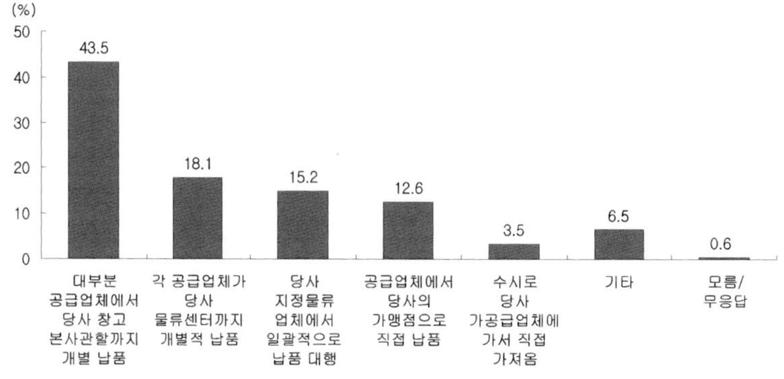

<그림 9> 납품 방식

가맹본사들이 공동화 사업을 시행하는 것의 필요성에 대해서는 '필요하다'(50.3%)는 의견과 '필요하지 않다'(49.7%)는 의견이 반반씩이었다.

공동화 사업 중에서 우선적으로 필요한 것으로는 '공동정보화'(82.1%)에 대한 의견이 가장 높게 나타났고, 그 다음으로 '공동구매'(60.3%)에 대한 욕구가 높게 나타났다(중복응답 기준).

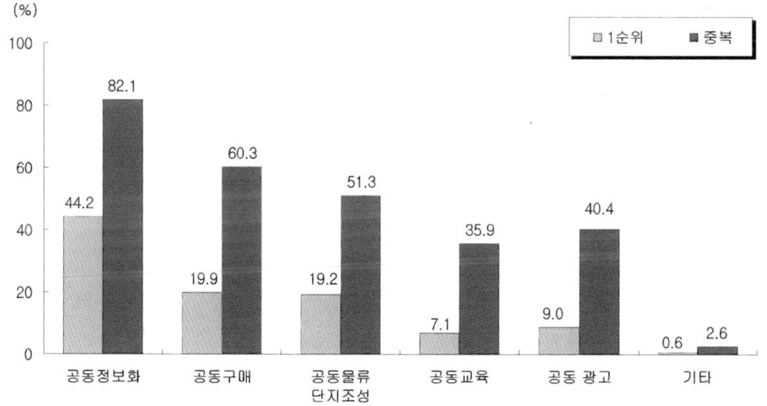

<그림 10> 공동화 사업 필요 우선순위

한편 자체 물류 배송차량 현황을 물어본 결과, 평균 9.6대의 배송차량을 보유하고 있으며, 없다는 응답도 21.6%로 나타났다.

물류 보관창고의 소유 여부에 대해 과반수(53.9%)가 자사 창고가 있는 것으로 나타났으며, 28.1%는 임대창고를 사용하는 것으로 응답하였고 물류 보관창고의 지역별 현황으로는 전국적으로 평균 2.8개를 보유하고 있었다.

6) 프랜차이즈 정책 건의사항

프랜차이즈 사업을 하면서 겪는 애로사항으로는 '자금부족'(35.8%), '가맹점 통제의 어려움'(32.6%) 등의 의견이 높게 나타났다.

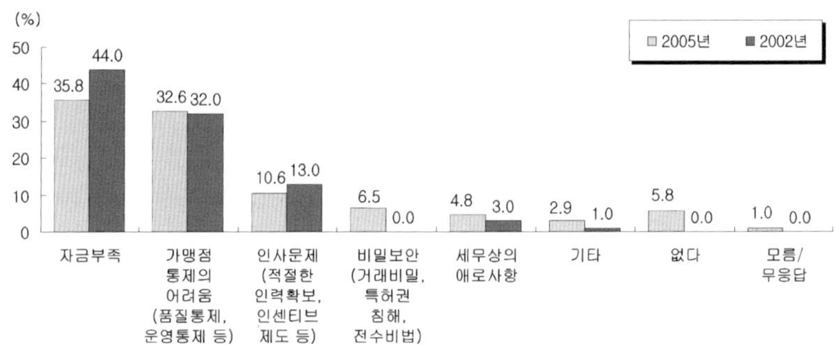

<그림 11> 본부운영 애로사항

우수브랜드 인증제에 대해서는 찬성한다는 의견이 79.0%로 높게 나타났다. 일정 요건을 갖춘 가맹본부에 한해서 가맹점을 모집할 수 있도록 하는 방안에 대해서 70% 이상의 가맹본부가 찬성(71.6%)한다고 응답하였고 '가맹사업거래의 공정화에 관한 법률'에 대해서는 10명 중 7명 정도가 '알고 있다'(70.0%)고 응답하였다.

3. 프랜차이즈 가맹점 현황

1) 프랜차이즈 가맹점운영 실태

프랜차이즈 가맹점의 업종은 '패스트푸드 사업'이 26.0%로 가장 많았고, 이어서 '식품소매업'(18.9%), '소매업'(15.7%), '패스트푸드 아닌 음식사업'(13.6%), '자동차 관련'(6.7%), '교육사업'(5.9%), '서비스'(4.0%) 등의 순으로 나타났다.

가맹점들이 현 장소에서 문을 연 시점은 2004년 이후라는 응답이 36.8%로 가장 많았고, 이어서 '2001~2003년'(32.9%), '1996~2000년' (18.7%), '1995년 이전'(10.9%) 순으로 나타나 프랜차이즈 가맹점은 여전히 신생 사업체의 비중이 높은 것으로 나타났다. 이를 사업기간으로 환산하면 평균 사업 지속기간은 3.8년으로 2002년 2.7년에 비해 꽤 늘어난 것으로 볼 수 있다.

가맹점포의 한 달 평균 휴일은 1.6일로 이틀이 채 안 되며, 점포의 57.9%는 하루도 쉬지 않는 것으로 나타났다. 가맹점포의 하루 평균 영업시간은 13.9시간이었고 12시간 이하로 영업하는 업체는 56.7%로 파악되었다.

사장을 제외한 가맹점포의 전체 종사자 수는 평균 3.2명이며 고용형태별로는 '돈 안받고 일하는 가족' 평균 0.7명, '파트타임' 종사자 1.3명, '정규직원' 1.2명으로 조사되었다.

가맹점이 위치한 상권유형은 '주거지 근린 상권'이 44.7%로 가장 많았으며, 이어서 '생활권 중심 상업지구'(21.5%), '도심 상업지구'(13.8%) 등의 순이다. 2002년에는 '주택가 근린상권' 31%, '아파트단지 주변' 29% 순이었다.

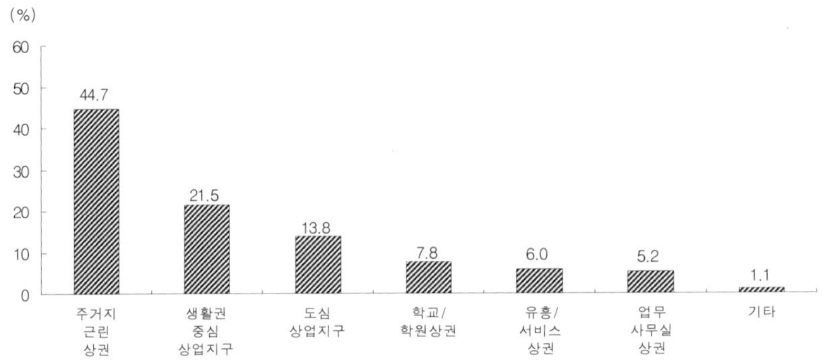

<그림 12> 가맹점 위치 상권유형

가맹점이 입주한 건물 유형은 '도로변 주택가 개별 단독점포'가 56.9%로 압도적이며, 이어서 '쇼핑센터 / 종합상가 / 전문상가 등 집합상가'(19.1%), '아파트단지 상가'(14.6%) 등의 순이다. 가맹점포의 평균 실평 수는 30.9평이었다.

2) 프랜차이즈 가맹점 수익 / 비용구조

프랜차이즈 가맹점 개설 시 총 소요비용은 평균 11,650만 원이었다 (2002년 11,173만 원). 금액별 분포는 가맹점 개설 시 '5천~1억 원 미만'의 비용이 든 업체가 22.2%로 가장 많았다.

2005년의 가맹점 월평균 매출액은 2,334만 원으로 2002년의 1,556만 원에 비해 큰 폭으로 증가(+778만원)하였다.

가맹점에 투자한 것에 비교하여 수익률에 만족하지 못하는 업체가 46.2%('전혀' 19.7% +'대체로' 26.5%)로, 만족한다는 업체 22.9%('매우' 2.9% +'대체로' 20.0%)에 비해 많았고 이를 5점 만점으로 환산하면 평균 2.6점이었다.

3) 프랜차이즈 본부지원 평가

프랜차이즈 본부에서 제공하고 있는 경영서비스에 대해 '만족한다'(34.9%)라는 의견과 '불만족한다'(33.5%)는 의견이 비슷하게 나타났으며 이를 5점 만점으로 환산하면 평균 2.9점으로, '보통 수준'으로 조사되었다.

가맹 초기 프랜차이즈 가맹본부의 신뢰성을 저하시킨 경우가 있을 경우 주요 요인은 '과다한 인테리어 비용 산정'이 23.9%로 가장 높게 나타났고, 이어서 '인근지역에의 신규가맹점 개설'(23.8%), '가맹점에 대한 지원약속 미이행'(22.2%), '과장된 예상 매출액 제시'(21.8%) 등의 순서로 나타났다.

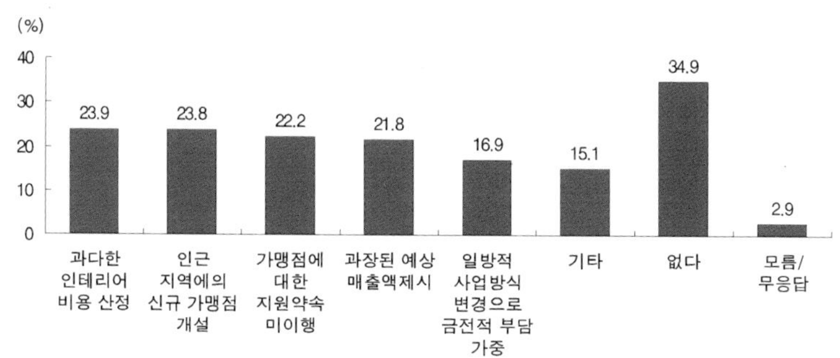

<그림 13> 본부 신뢰성 저하요인

그리고 가맹계약 당시 본부에 대한 정보보고서를 가맹본부로부터 제공받은 경험이 '있다'는 응답은 44.8%, 본부에 대한 정보를 잘 알지 못한 상태에서 가맹계약 한 경우가 50.0%로 나타났다. 가맹본부에 정보공개서를 신청해 본 경험이 '있다'는 응답이 10.0%로 나타나 대부분이 정보공개서를 신청해 본 경험이 없는 것으로 조사되었다.

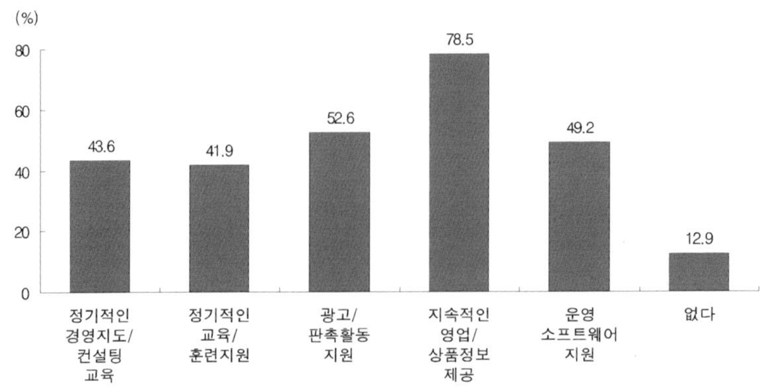

<그림 14> **본부의 영업지원 및 관리 경험**

프랜차이즈 가맹 이후 가맹본부의 '지속적인 영업 및 상품정보제공'에 대해서는 대다수(78.5%)가 받은 경험이 있는 것으로 나타났고, '광고 및 판촉활동 지원'(52.6%)과 '운영 소프트웨어 지원'(49.2%)에 대해서는 응답자의 50% 정도가 받고 있는 것으로 파악되었다. '정기적 경영지도 및 컨설팅 교육'(43.6%)과 '정기적 교육 및 훈련 지원'(41.9%)에 대해서는 상대적으로 낮은 경험을 보였다.

앞으로 가장 중점적으로 본부의 지원을 희망하는 분야로 '광고 및 판촉활동 지원'이라는 응답(38.2%)이 가장 높게 나타났고, 이어서 '지속적 영업 / 상품개발 및 정보제공'(25.7%), '지속적 교육 및 훈련'(14.0%), '가맹점운영 정보화 시설'(13.6%) 등이 순서로 뒤를 이었다. 2002년과 비교하여 '광고 및 판촉활동 지원' 분야가 가장 많이 하락(18.8%)한 반면, '가맹점운영 정보화 시설' 분야가 가장 크게 증가한 것으로 나타났다.

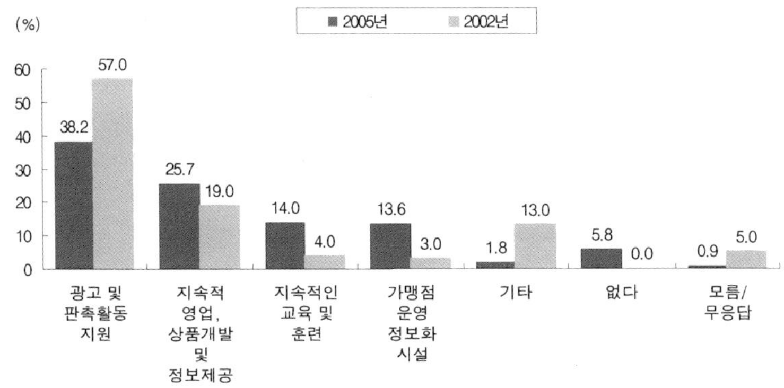

<그림 15> 본부의 지원 희망 분야

본부로부터 납품받은 상품에 하자가 발생할 경우 처리 방법으로 '완전 반품 허용(본부부담)'하고 있다는 응답이 75.7%로 높게 나타났으며 '반품이 되지 않는다(가맹점 부담)'는 응답은 5.4%로 비교적 적게 나타났다. 2002년에 비해 '완전 반품 허용(본부부담)'이 7.7% 포인트 높아져 개선이 이루어지고 있는 것으로 분석되었다.

본부와 분쟁이 발생했을 경우 해결 방법에 대해 '본부에 이의를 제기하여 가맹점 의견이 반영된 상태로 원만히 해결한다'는 응답이 24.0%로 가장 높게 나타났고, '본부에 이의를 제기하지만 잘 해결되지 않고 본부의 결정에 따른다'는 응답(19.8%)이 그 다음으로 높게 차지하였다.

한편, '분쟁이 있었다'는 응답이 45.4%로 나타났으며 분쟁 발생한 경우만 선택해서 볼 경우(원만해결＋본부결정에 따름＋법적소송 해결)에 '원만히 해결'되는 비율은 약 52%정도였다. 특히 본부와 중대한 금전적 분쟁 경험이 있다는 응답은 19.6%로 나타났고 금전적 분쟁 경험이 있는 가맹점은 1년에 평균 2.1회 분쟁을 경험하는 것으로 조사되었다.

주변 친지나 친구에게 가맹본부를 '추천할 것이다'(적극 추천＋추천

할 의향 있는 편)는 의견은 52.9%로 나타났고 '추천하지 않을 것이다'
는 부정적 의견은 46.2%로 비슷하게 나타났다.

프랜차이즈 사업 이전 직업으로 '기타 자영업' 출신이 32.6%로 가장
많았고, '사무 / 기술직'(27.6%), '가정주부'(11.5%) 출신이 그 다음으로
많았다.

Ⅲ. 프랜차이즈 시스템에 대한 이론적 고찰

1. 프랜차이즈의 정의와 유형

1) 프랜차이즈의 정의

'노예상태로부터 자유(free from servitude)'라는 의미를 가진 프랜차이즈(franchise)는 사업적인 관점에서 볼 때 정부 또는 개인적 주체가 어떤 개인 또는 집단에게 부여하는 특정의 권한을 의미하고 프랜차이징(franchising)은 일반적으로 이러한 권한을 수단으로 여러 사업 분야에서 마케팅 또는 유통기법으로 사업화하는 방법을 말한다(Khan, 1992). IFA(International Franchise Association)의 정의와 대다수의 연구자(Mendelson, 1992; Caves and Murphy, 1976 등)에 의하면 프랜차이즈란 프랜차이저(franchisor)가 프랜차이지(franchisee)로부터 받는 일정대가와 교환으로 조직훈련, 머천다이징, 경영지원을 포함한 거래를 하기 위해 판매, 영업특권을 제공하고 프랜차이지(가맹점)는 프랜차이저(가맹본부)가 제공하는 이러한 내용과 영업형태를 가지고 독자적으로 운영하는 지속적인 관계로 정의하였다. 또한 미 상무성의 여러 가지 발행물과 미국의 중소기업청 등 관련 정부기관의 정의에서는 IFA의 정의와 유사하나 프랜차이즈를 사업화의 한 방법으로 제조업자 또는 공급자가 자사의 상호, 명성, 판매기법 등을 사용하여 제품이나 서비스를 판매, 유통, 마케팅할 수 있는 권한을 부여하는 것으로 표현하고 있다(Khan, 1992; Stern and El-Ansary, 1992).

본 연구에서는 프랜차이즈에 대해 시스템적 어프로치2)를 전제로 하여 프랜차이즈 시스템 용어를 사용하며 상기의 IFA의 정의 내용에 따르기로 한다.

2) 프랜차이즈의 유형

프랜차이즈는 연구자들의 구분관점에 따라 <표 4>와 같이 여러 유형으로 분류된다.

먼저 프랜차이즈 시스템은 유통단계상 경로 구성원 간의 협력구분에 따라 네 가지의 기본적인 유형을 갖는다(Vaughn, 1979). 첫째, 제조업자-소매업자 간 시스템. 이는 제조회사가 소매상에게 판매권을 주고 그 소매상은 여러 가지 판매 및 서비스의 조건을 따르기로 한 독립적인 사업자 관계를 말한다. 둘째, 제조업자-도매업자 시스템. 이는 제조

---

2) Churchman(1968)은 시스템이란 시스템 목적, 시스템 내의 여건과 제한조건, 구성요소의 자원보유, 기능보유, 관리통제 등 5가지 요소를 가지면서 통일된 전체를 형성하기 위한 방식으로 구성원 간 정규적 상호 작용과 일련의 목적 달성을 위하여 조직된 것이다라고 설명하고 있다. 이 같은 기준에 따른다면 프랜차이즈는 시스템 내 구성원 즉 가맹본사, 가맹점, 가맹점고객 모두의 만족(win-win-win)이라는 목적 보유, 시스템 내의 프랜차이즈 계약을 통한 특정 환경과 제한여건이 마련되고 프랜차이즈 구성원 상호의 자원 및 지원능력 보유, 가맹본사, 가맹점, 고객으로의 기능 발휘, 본사의 영업방침 등의 관리통제가 존재하기에 시스템즈 접근방식(systems approach)을 적용할 수 있다.

업자가 소매상의 수가 지역적으로 너무 분산되었거나 소량을 취급할 때에 도매상을 가맹점으로 체계화하는 방법으로써 이용되는 경우이다. 셋째, 도매업자 소매업자 시스템. 이는 도매업자가 다수의 제조업자로부터 다양한 품목을 제공받아 소매상을 계열화하는 방법을 활용하여 프랜차이징을 개발하는 것을 말한다. 마지막으로 '상표 / 상호 허가자 - 소매업자 시스템'으로 제조업자나 도매업자가 아닌 프랜차이저(본부)가 공동 상표나 표준화된 영업방법을 만들어 소매업자에게 공통의 상호와 상표하에 제품과 서비스를 가지고 영업할 수 있게 하는 형태를 말한다.

두 번째 프랜차이즈 구분관점에 따르면 프랜차이즈 시스템은 본부가 활용하는 목적 또는 제공되는 서비스의 내용에 따라 두 가지 유형으로 구분된다(미국 상무성, 1988). 첫째 상품 / 상호 프랜차이징(product / trade name franchising). 이는 가맹점에게 상호, 상표 등의 사용을 허락함과 동시에 상품만을 공급하고 그 영업에 관한 노하우를 제공하지 않는 프랜차이즈를 말한다. 이는 다시 제조업자가 가맹점에게 자사의 이름으로 상품, 서비스 판매권한을 허용하는 상품유통 프랜차이징(product distribution franchising)과 단순히 가맹점에게 제조업자의 상호만을 같이 사용할 수 있는 권한을 부여하는 상호 프랜차이징(trade name franchising)으로 구분될 수 있다. 둘째, 사업 동일형태 프랜차이즈 시스템(business format franchising system)으로 이는 양자가 지속적인 관계에서 상품, 서비스, 상호뿐만 아니라 사업의 전반적인 개념과 방식까지 동일하게 실시하는 관계를 말한다. 이는 프랜차이즈 패키지라 불리는 프로그램, 즉 상표, 상호의 제공, 각종 경영지도 및 지원, 상품의 마케팅 계획 등을 포괄적으로 개발한 패키지를 개발하고 판매하는 시스템으로 고급 레스토랑이나 서비스 제공자에게 많다. 셋째, 전환 프랜차이징(conversion franchising)으로 이는 기존의 독립사업체가 프랜차이즈 구성원으로 전환하여 만들어진 것을 말한다(Khan, 1992).

　마지막으로 구분해 볼 수 있는 것이 가맹점의 권한범위와 권한내용에 따라 프랜차이즈는 단일지역 프랜차이즈(single-unit franchising)와 복수지역 프랜차이즈(multiple-unit franchising)로 나누어지고 복수지역 프랜차이즈는 다시 지역개발 프랜차이즈(area development franchising)와 지역분할 프랜차이즈(master franchising)로 분류될 수 있다. 단일지역 프랜차이즈란 일정기간 동안 일정지역 내에서 독점적으로 가맹점 영업을 하도록 하는 가장 보편적이고 전형적인 형태의 프랜차이즈를 말한다. 지역개발 프랜차이즈란 일정기간 동안 일정지역 내에서 어떤 개인 또는 집단에게 수개의 점포에 대하여 가맹점 영업을 하도록 하는 형태를 말한다. 지역개발 프랜차이즈에서는 가맹점이 가맹본부와 지역개발 계약을 체결하고 개발수수료를 지급한 후 일정지역에 대한 개발권을 매입한다. 이 경우 만일 가맹점주가 약정대로 해당지역을 개발하지 못하면 가맹본부는 계약을 취소하고 가맹점주의 권리를 박탈할 수 있다. 지역분할 프랜차이즈란 일정기간 동안 일정지역 내에서 어떤 개인 또는 집단에게 가맹본부로서의 권리를 부여하고 이러한 권리를 부여받은 가맹본부가 다시 최종 가맹점주(sub-franchisee)에게 하나 또는 수개의 점포에 대하여 가맹점 영업을 하도록 하는 형태를 말한다. 이 경우에는 물론 분할지역 가맹본부 자신이 가맹점이 될 수도 있다(McCallum, 1993).

<표 4> 프랜차이즈 시스템의 유형 구분

구분관점	연구자	프랜차이즈유형	내 용
경로구성원 간의 협력구분	Vaughn (1979)	• 제조업자 – 소매업자 시스템	• 제조회사가 소매취급자에게 판매권을 주고 그 취급점은 여러 가지 판매 및 서비스의 조건을 따르기로 한 독립적인 사업자 관계
		• 제조업자 – 도매업자 시스템	• 소매상의 수가 지역적으로 너무 분산되었거나 소량을 취급할 때에 제조업자가 도매상을 가맹점으로 체계화하는 방법
		• 도매업자 – 소매업자 시스템	• 도매업자가 다수의 제조업자로부터 다양한 품목을 제공받아 소매상을 계열화하는 방법을 활용하여 프랜차이징을 개발하는 것.
		• 상표 / 상호 허가자 – 소매업자 시스템	• 제조업자나 도매업자가 아닌 프랜차이저 (본부)가 공동적 상표나 표준화된 영업방법을 만들어 소매업자에게 공통의 상호와 상표하에 제품과 서비스를 가지고 영업할 수 있게 하는 형태
제공되는 서비스의 내용 또는 프랜차이즈 활용목적	U.S. Department Of Commerce (1988), Khan (1992),	• 상품 / 상호프랜차이(product / trade name 프랜차이즈)	• 가맹점에게 상호, 상표 등의 사용을 허락함과 동시에 상품만을 공급하고 그 영업에 관한 노하우를 제공하지 아니하는 프랜차이즈
		• 사업 동일형태 프랜차이즈(business format 프랜차이즈)	• 양자가 지속적인 관계에서 상품, 서비스, 상호뿐만 아니라 사업의 전반적인 개념과 방식까지 동일하게 실시하는 관계
		• 전환프랜차이징 (conversion 프랜차이즈)	• 기존의 독립사업체가 프랜차이즈 구성원으로 전환하여 만들어진 유형
가맹점의 권한의 내용과 권한범위	Mc Callum (1993)	• 단일지역 프랜차이즈	• 일정기간, 일정지역 내에서 해당 가맹점영업을 하도록 하는 가장 전형적인 형태
		• 복수지역 프랜차이즈 – 지역개발 프랜차이즈 – 지역분할 프랜차이즈 (master 프랜차이즈)	• 일정기간, 일정지역 내에서 수개의 점포에 대하여 가맹점 영업을 하도록 하는 형태 • 일정기간, 일정지역 내에서 가맹본부로서의 권리를 부여하고 이러한 권리를 부여받은 가맹점이 다시 최종 가맹점주(sub-franchisee)에게 하나 또는 수개의 포에 대하여 가맹점 영업을 하도록 하는 형태

상기의 프랜차이즈유형의 설명에서 보듯이 프랜차이즈 시스템의 주 구성원(franchisor, franchisee)의 상호 관계성은 매우 긴밀한 협력을 전제로 하는 특성을 갖고 있다. 이는 개별기업 각자가 아닌 시스템 전체의 공동선을 추구하여야 각각의 개별기업에도 직접적인 도움이 된다는 것을 의미한다. 다음에는 이러한 개념과 유형을 가지는 프랜차이징이 어떤 이론으로 설명되는지 알아본다.

2. 프랜차이즈 시스템에 대한 설명이론

프랜차이즈 연구의 주된 논의 대상은 왜 직영점이 아닌 가맹점으로 확장방법을 선택하느냐 하는 것이다. 이 주제는 프랜차이즈 연구의 대표적 이론인 자원의존 이론(resource allocation theory), 대리이론(agency theory), 거래비용이론(transaction cost analysis) 그리고 탐색비용이론(search cost theory)에 의하여 설명된다.

1) 자원의존 이론(resource dependence theory)

자원의존 이론은 Oxenfelt와 Kelly(1968-69)가 제시한 프랜차이즈의 라이프 사이클 모델에서 출발한 '자원부족' 견해의 다른 표현이라 할 수 있다. 즉 Oxenfelt와 Kelly의 주장은 제한된 자원을 가진 창업초기의 기업들은 성장하기 위해 예정가맹점의 자원을 이용할 수밖에 없어 사업초기에는 가맹점 모집에 열중하다가 성장기, 성숙기로 가면서 충분한 자원을 보유하게 되고 가맹점을 인수하여 직영점 체제로 간다는 설명이다(Fulop & Forward, 1997).

자원의존 이론 관점에서 보면 프랜차이즈는 자원이 부족한 가맹본사 기업의 재무적, 관리적 장애를 해결하면서 사업리스크를 가맹점들에게 분산시키는 수단이 된다(Oxenfelt and Thompson, 1969; Morrison & Lashley, 2003; Castrogiovanni et al., 2006). 예를 들어 Norton(1988)은 인적 자본과 관리적 능력을 보완받고자 프랜차이즈를 형성하고, Minkler(1992)는 예비 가맹점의 현지 시장에 대한 전문 지식을 얻고자 프랜차이즈를 시작한다고 설명하고 있다. 또한 자원의존 이론을 근거로 한 실증적인 연구로 Hunt(1973)는 패스트푸드 업계에서 직영점 중심으로 변화해 가는 추세를 발견하였고 Caves와 Murphy(1976)도 레스토랑, 호텔업계에서 이 같은 변화추세를 확인하였다. 그리고 Anderson(1984)도 이 같은 직영점 증가 추세가 사업 시작 후 10년 정도이면 나타난다는 것을 보여 주었다.

그러나 자원의존 이론은 풍부한 자본을 가진 업체의 프랜차이즈 사업 실시이유를 설명하지 못한다는 한계점이 있고 또한 상호 관계성이 중요한 전제가 되고 있는 프랜차이즈의 특성을 감안해 볼 때 가맹주 입장을 무시한 점이 문제점으로 지적된다(Fulop and Forward, 1997).

또한 자원부족으로 인해 프랜차이즈를 형성한다는 견해를 반박하는 비판도 제기된다. Rubin(1978)은 지역적으로 분산된 여러 개의 가맹점을 가지면 판로의 다양성을 얻게 되는 점이 부족한 자원을 가맹점에게 의존하는 이점보다 크기 때문에 프랜차이즈를 하게 된다고 주장한다. 또 다른 비판으로는 대리이론의 설명력이 더 크고 독자적인 투자자로부터의 자금조달이 가맹점으로부터의 자금조달보다 효율적이고 조달비용이 덜 든다는 견해가 있다(Brickley and Dark, 1987; Norton, 1995). 그러나 Combs와 Ketchen, Jr(1999)는 레스토랑 업계를 대상으로 실증 연구를 한 결과 자원부족 견해가 대리이론 차원의 프랜차이즈 형성 견해보다 설명력이 더 있음을 보여 주었다.

2) 대리이론(agency theory)

대리이론은 사회학적 견해로부터 출발하여 기업조직을 해석하는 관점으로 발전한(Jensen & Meckling, 1976) 것으로 기업을 본사(principal)와 대리인(agents) 사이의 계약관계로서 대리인의 이익에 맞게 권한을 행사하도록 허용하는 이론으로 Fama(1980)에 의해 체계화되었다.

대리이론 견해는 프랜차이즈를 경로관리의 한 형태로 보는데 대리관계, 즉 프랜차이즈에서 가맹본사와 가맹점관계에서 재무적 성과를 상호 극대화하려는 목적을 갖는다. 가맹본사는 가맹점을 운영함으로써 직영점에 비해 관리인원의 인건비와 통제비용 절약, 당해 지역에 대한 정보탐색 내지 교육비용의 절약 등의 혜택을 받는 반면에 가맹점은 대리입장에서 일정지역의 독점판매권 획득, 본사의 특유자산의 사용권을 허용받는 것이다(Brickley and Dark, 1987; Seshadri, 2002; Va'zquez,2005; Castrogiovanni et al., 2006).

대리이론에서는 표준화, 규모의 경제, 기업마케팅 통제범위의 이점, 독립운영점과 같은 동기부여, 유연성 확보 등의 편익을 프랜차이즈 선호요인으로 설명한다. 이 이론은 많은 자원을 가진 기업도 프랜차이즈를 추진하는 이유를 설명할 수 있다(Sanghavi, 1991; Lafontaine, 1992). 즉 다양한 지역에 관리대상의 점포가 있을 경우 이들 직영점의 종업원을 통제관리하는 비용이 큰 만큼 이러한 대리비용을 절감하려는 방법으로 프랜차이즈 형성을 설명하고 있다. Forward and Fulop(1993)은 자본확보, 위험분산, 전문가 및 경험자 모집과 활용이 가능하다는 이유로 자본력이 많은 기업들도 다양한 이유에서 프랜차이즈를 추진한다고 설명한다.

Brickley and Dark(1987)연구는 대리이론을 지지하는 실증연구로서 직영점 운영으로 인한 높은 종업원 관리비와 프랜차이즈의 낮은 투자비용, 높은 거래빈도의 고객을 유지하는 요인 때문에 프랜차이즈를 선호하게 된다고 하였고, Combs와 Castrogiovanni(1994)는 기업들의 위험분산관점에서 자원의존 이론이 아닌 대리이론이 지지됨을 설명하였다.

한편 대리이론은 기업고유의 특별한 관리적, 문화적 특성을 간과하고 있다는 비판과 양 당사자 간의 계약관계상 가맹점의 행위보다 성과에 더 치중한다는 지적을 받고 있다(Fulop and Forward, 1997). Shane(1998)은 대리관계에서 대리인의 적합한 능력발휘에 대한 불확실성(adverse selection), 도덕적 해이(moral hazard), 기회주의적 행동(holdup) 등의 고질적 문제를 들었는데 Lafontaine (1992)은 프랜차이즈 계약 여하에 따라 이러한 3가지 문제점은 상쇄관계에 있다고 하였다.

3) 거래비용이론(transaction cost analysis)

거래비용이론은 거래관계의 구조와 특성을 분석하여 기업의 형성이유를 설명하는 이론으로 Coase(1937)가 주창하고 Williamson(1985)에 의해 정립되어 유통경로 연구분야에서 설득력 있는 이론으로 중요한 위치를 차지하고 있다(John and Weitz, 1988).

프랜차이즈와 관련한 선행연구를 보면 프랜차이즈 시스템 형성에 대해 거래비용이론은 대리이론의 보완차원에서 주로 이용된다. 즉 경제적 시스템을 운영하는 비용을 경감하는 차원에서 제한된 합리성과 기회주의를 가정한 기업 간 활동과 거래에 있어 거래횟수, 시장불확실성, 자산특유성 등의 변수여하에 따라 시장에서의 거래보다 기업 내에서 내부화하는 것이 유리하다는 것이다. 이는 대리이론과 마찬가지로 미시적 측면에서 기업운영비용의 절감을 목적으로 하는 논리에서 프랜차이즈 형성을 설명한다(Dahlstrom과 Nygaard, 1999, Burton et al., 2000; Minho Cho, 2005). 다시 말하면 기업은 프랜차이즈 시스템 형성으로 전략적 연대와 네트워크화를 모색하여 시장거래비용의 절감을 통한 범위의 경제(economies of scope)를 이룬다는 것이다(Norton, 1988). 이러한 목적을 달성하기 위해 주의해야 할 것이 있다. Dahlstrom과 Nygaard(1999)는 프랜차이즈 시스템 내에 가맹본사와 가맹점 간의 기회주의적 관리 행태가 있다면 협상비용, 조정비용, 수용 거부비용 측면에서의 거래비용을 오히려 증가시킬 수 있다는 실증연구를 보여 주어 프랜차이즈 시스템에서 거래비용이론의 유용성을 얻기 위한 조건으로 상호 기회주의 행동이 없어야 함을 확인시켜 주었다.

한편 Lafontaine and Kaufmann(1994)은 거래비용이론과 대리이론을 가맹점 또는 가맹본사가 사업성공에 달성하기 위한 조직운영상의 인센티브 성격을 갖는 이론들로 설명한다. 즉 가맹점 관리 노력의 유도를 위해 가맹점 수입의 대부분을 가맹점주가 같도록 하며 가맹본사는 가맹점 수입에 따라 달라지는 로열티 수입을 받을 수 있도록 하여 전반적인 가맹시스템 운영을 잘 하도록 유인한다는 것이다. 이러한 가맹본사와 가맹점의 목적일치는 거래비용상의 절감효과를 가져와 수직적 통합관리의 필요없이 가맹시스템 운영이 충분히 효율적이라는 것이다. 요컨대 거래비용이론에 의하면 프랜차이즈 가맹본사와 가맹점은 상호 관계에서의 거래활동에 관련된 비용을 절감하고자 프랜차이즈 시스템 형태로서의 계약관계를 가진다는 것이다.

4) 탐색비용이론(search cost theory)

탐색비용이론은 가맹본사가 사업 확장 시 시장정보 탐색에 비용이 드는데 프랜차이즈 시스템을 활용하면 이 같은 시장조사 비용이 절감된다는 것이다(Minkler, 1992). 가맹본사는 장기적으로도 가맹점의 제품 혁신능력과 동태적인 시장 환경에 대한 정보력를 가지고 있기 때문에 지속적으로 활용가치가 있어 직영점과는 별도로 유지할 필요가 있다는 주장이다(Martin, 1988; Dnes, 1992). 상호 협력관계가 가능해져 일정한 기준 내지 규범에 의해 관계가 유지되며 장기적 관계에서 수익과 비용 부담이 이루어진다. 그러나 프랜차이즈 결성 이유에 대해서는 부분적인 설득력에 그치고 있는 단점이 있다.

3. 프랜차이즈 시스템 구축 및 운영의 2가지 접근방법

지금까지 프랜차이즈를 설명하는 이론으로 자원의존 이론, 대리이론, 거래비용이론, 그리고 탐색비용이론을 설명하였는데(<표 5> 참조), 자원의존 이론은 기업의 재무적 필요성, 즉 가맹점의 자원에 의존하려는 차원에서 성립되는 것에 비해 대리이론 등 나머지 이론은 다분히 조직관리적 측면이 강조된 설명이라는 특징이 있다(Elango and Fried, 1997). 중요한 사실은 가맹점 창업을 가맹본사 입장에서 설명해 주는 것이 자원의존 이론이라면 가맹점의 지속적인 운영을 가맹본사 입장에서 설명해 주는 것이 나머지 이론들이란 얘기이다.

우선 자원의존 이론은 가맹본사의 자금과 인력 등의 자원부족을 가맹점의 도움으로 해결하려는 현상을 설명한다. 이는 가맹점 창업을 이해하는 데 중요한 관점을 제공한다. 다시 말해 비교적 창업초기의 가맹본사 입장에서 충분치 못한 회사자원으로 점포개설을 원하는 모든 지역에 직영점을 낼 수는 없다. 따라서 예비가맹점들의 자금과 인력을 빌리는 방식으로 공동의 협력사업을 전개하는 것이라 이해할 수 있는 것이다. 가맹본사의 회사정책에 따라 달라지겠지만 대개는 가맹본사의 자원 여력이 좋아질수록 직영점 비율이 점차 커질 것이다. 결국 자원의존이론은 다른 이론과 달리 프랜차이즈 시스템의 가맹본사와 가맹점의 관계가 발생하는 구축단계(가맹점 창업)를 설명하고 있다.

한편 대리이론, 거래비용이론, 탐색비용이론 등은 프랜차이즈 시스템의 구축(가맹점 창업)보다는 운영단계를 설명하는 것으로 볼 수 있다. 가맹본사의 역할을 대리하는 가맹점 활동, 공동구매와 적절한 수준에서의 내부화 거래에의 참여, 시장조사 활동의 수행 등으로 가맹본사 입장에서 볼 때 비용을 절감하는 차원에서 이득을 본다. 이는 직영점을 운영하는 것과 비교해 보면 가맹점이 대리역할과 시장조사 활동을 해줌으로써 인건비, 활동비 등이 절감되는 것이고 직영점보다는 못한 수준이지만 독립적 개체로서 시장거래를 하는 것보다 공동구매와 적절한 수준의 내부화 거래에 참여해 줌으로써 거래비용의 절감이 가능하다는 설명이다.

결국 이 같은 비용절감차원을 설명해 주는 대리이론, 거래비용이론, 탐색비용이론은 프랜차이즈 구축단계가 아닌 운영단계에서 가맹본사와 가맹점의 상호 이익을 가능케 하는 진정한 협력관계임을 뒷받침해 주는 근거가 된다.

<표 5> 프랜차이즈에 대한 설명이론

구 분	주요내용	관련 연구자
자원할당이론 (resource allocation theory)	• 프랜차이즈의 수명주기 모델에서 출발 • 자원부족상태의 창업초기 기업이 성장전략상 프랜차이즈를 자본, 인력 등의 자원 확충과 사업리스크 분산 수단으로 이용하는 것으로 설명 • 문제점: -풍부한 자원보유 업체의 프랜차이즈 사업실시 이유를 설명하지 못함 -가맹주 입장을 고려하지 않음	Oxenfelt & Kelly (1968-69), Oxenfelt & Thompson (1969), Hunt(1972), Caves & Murphy(1976), Anderson(1984), Fulop & Forward(1997), Morrison & Lashley (2003), Castrogiovanni et al. (2006) 등
대리이론 (agency theory)	• 프랜차이즈를 경로관리의 형태로 간주 • 가맹본사(principal와 가맹점(agent)의 대리관계로 파악하여 직영관리비용절감과 표준화 이점, 규모의 경제를 적용함 • 기본적으로 시장거래상 비용절감 이점의 인센티브 제공 틀로 설명 • 문제점: -기업고유의 관리적, 문화적 특성을 무시한 점	Brickley & Dark(1987), Sanghavi(1991), Wicking(1993), Combs & Castrogiovanni (1994) Seshadri(2002), Va'zquez(2005), Castrogiovanni et al. (2006) 등
거래비용 이론(transaction cost analysis)	• 프랜차이즈 시스템을 가맹본사와 가맹점 간의 거래비용절감차원의 계약관계로 간주 • 프랜차이즈 시스템 형성이유와 관리적 시사점제공 • 문제점: 프랜차이즈 시스템 전체를 시스템적 관점에서 어떻게 효율적으로 운영해야 하는가 등의 구체적 관리기법 제시 없음	Lafontaine & Kaufmann (1994), Dahlstrom & Nygaard (1999), Burton etal.(2000), Minho Cho(2005) 등
탐색비용 이론 (search cost theory)	• 사업 확장 시 또는 유지 시 지역시장의 정보 탐색비용을 가맹점을 통해 절감하고자 함. • 문제점: -프랜차이즈 시스템 형성이유로서는 부분적임	Minkler(1992), Martin(1988), Dnes(1992), Hopkinson & Hogarth-Scott (1999)

4. 프랜차이즈 시스템에 대한 네트워크 관점

유통경로의 한 형태로서의 프랜차이즈 시스템은 상호 의존성과 신뢰가 절대적으로 필요한 조직형태라는 점에서 네트워크로 보는 견해가 있다(홍성태, 1999). 가맹점과 본사 간의 연계의 밀집성의 수준으로 가맹점들의 효과적인 목적 달성이 가능하고 이를 통해 가맹본사의 성과를 가져올 수 있기 때문이다. 관계마케팅 패러다임 속에서 보다 진전된 상호 협력과 상생관계 지향의 수평적 파트너십을 의미하는 네트워크 관계인지를 분석해 보는 것이 필요하다. 이하에서 이에 대한 견해를 살펴본다.

1) 네트워크 조직의 관계특성

70년대 이전에 이미 사회학에서 시작된 네트워크 개념은 개별기업보다는 산업 또는 조직 간의 네트워크를 분석단위로 보기 시작한 80년대의 조직행동론과 전략이론적 연구들에 의해 중요하게 인식되어 왔다. 실제 이때부터 업계에서는 다국적 기업들 간의 전략적 제휴, 합작투자, 기술제휴, 라이센싱, 지분참여, 공동 연구개발, 프랜차이즈, 하청 네트워크 등의 기업 간의 네트워크 관계가 생산성, 혁신성, 효율성, 환경적응력 등이 다른 조직구조에 비해 월등히 높은 성과를 창출할 수 있다고 밝혀짐에 따라 90년대 들어 급변하는 기업 환경 속에서 기업 경쟁력을 제고시키기 위한 필수적인 전략적 대안으로 인식되고 있는 것이다(Dyer와 Singh, 1997; Doz와 Hamel, 1998).

Achrol(1997)는 네트워크 조직에 대해 특정 업무 또는 기능이 특화된 독립성을 가진 개체 간의 상호 의존적 결합으로 계층적 통제 없이 밀접한 연계성, 상호성으로 운영되는 것이며 구성원 역할과 책임감을 규정하는 공유된 가치 시스템을 가지고 있다고 설명하고 있다.

　Thorelli(1986)는 장기적인 관계를 지속하고 있는 둘 또는 그 이상의 조직들을 네트워크라고 정의하고 있다. Jarillo(1988)는 전략적 네트워크를 네트워크 밖의 그들의 경쟁업자에 대응하여 경쟁적 우위를 획득하고 유지하기 위하여 분명히 구분되면서도 연관되어 있는 이윤추구 조직 간의 장기적이고 합목적적인 구조(arrangements)라고 설명하고 있다. 한편 Miles and Snow(1992)는 네트워크는 명령의 연쇄(chains of commands)보다는 시장 메커니즘에 의해 통합되는 기업 또는 전문가단위의 군집(clusters of firms or specialist units)으로 오늘날의 변화무쌍한 환경에서 다른 형태보다 매우 경쟁력 있는 조직의 양태라고 주장하고 있다.

　이상의 여러 학자들은 모두 네트워크를 밀접한 조직 간 관계의 한 형태라고 보고 있어 관계를 중요시하면서 서로 각자의 목적을 추구하는 것으로 간주하고 있다. 조직의 관계적 또는 네트워크적 형태는 어떤 특정 상황하에서 경제적 교환을 분명히 확인할 수 있는 생명력 있는 형태라고 할 수 있는데 이를 다른 두 가지의 기업조직구조와 비교하면 다음과 같다(Powell. 1990)

<표 6> 경제적 조직의 형태비교

주요특성	형 태		
	시 장	위 계	네트워크
규범기준	계약-재산권	고용관계	보완적 강점
커뮤니케이션 수단	가 격	일상적	관계적
갈등해결 방법	싸움-강제성을 갖고 있는 법원에 호소	관리적 fiat-감독	쌍방규범-명성에 의존
유연성 정도	높 음	낮 음	중 간
분위기, 풍토	정확성 / 의심	공식적, 관료적	개방적, 상호 이익 추구
당사자 사이의 몰입 정도	낮 음	중간 / 높음	중간 / 높음

주요특성	형 태		
	시 장	위 계	네트워크
행위자 선호 및 선택	독립적	의존적	상호 의존
형태의 혼합	반복 거래, 위계 문서로서의 계약	시장과 유사한 특성 이익센터, 전환가격	지위위계, 복수 파트너, 공식적 규율

자료: "홍성태(1999), 정보기술을 이용한 네트워크 조직의 발전방향에 관한 연구." 서울대 경영논집, 제33권 제3호, 503쪽에서 재인용.

Thorelli(1986)은 조직을 규모의 경제, 전문화 그리고 거래비용절감 능력 등의 유인으로 존재하는 형태라고 하면서 세 가지 지배구조를 비교하고 있다. 즉 시장은 연결이 느슨하고 어느 정도 거리를 둔 협상에 의존하며, 주로 현장거래에 의해 유지되며 개방적인 특성을 갖고 있다. 위계는 결속이 강하고 통합관계를 보이고 있으며 시장을 내부화하고 수직적 또는 기능적 통합에 의존하고 있다. 한편 네트워크는 이의 중간적인 형태를 취하고 있는 지배구조라고 설명하고 있다.

네트워크 관계는 독립적인 기업들 간의 자발적이고 장기적인 협력관계로 규정된다. 네트워크 관계에서는 시장관계와 달리 거래 기업들이 매 거래마다 가격최적화를 위해 거래파트너를 새로 평가하여 더 나은 가격조건을 제시하는 상대로 교체하는 것이 아니라 특정한 거래파트너들과 장기적인 협력관계를 유지하게 되는 것이다. 이들 파트너들은 독립성을 유지하며 이들의 협력이 계층적인 권위에 기반을 둔 명령과 복종이 아닌 자발적 의사결정에 따라 이루어진다. 그리고 다른 기업을 자기 기업의 경계선 안으로 가져오지 않고도 같은 효과를 창출할 수 있는 조직구조인 것이다.

한편 네트워크는 은유적 개념과 분석적 개념으로 이용된다. 은유적 개념으로서의 네트워크는 결속체의 형태라는 포괄적 의미를 담고 있음에 비해, 분석적 개념으로서의 네트워크는 연계의 패턴이 무엇인지를 과학적으로 규명하는 데에 초점을 두고 있다(김용학, 1992).

Tichy(1981)는 네트워크 분석에서 자주 이용되는 네트워크 속성을 다음 표와 같이 제시하고 있다.

<표 7> 네트워크의 대표적 속성

네트워크 속성	설명의 예
거래내용	4가지의 교환수단 (a) 감정　　　(b) 영향력 (c) 정보　　　(d) 재화와 용역
연계의 특성	
● 교호성(reciprocity)	−관계가 어느 정도나 대칭적인가 비대칭적인가?
● 규범명확성 (clarity of norms)	−관계 속에서 참가자들의 행동규범이 명확한가?
● 강도(intensity)	−참여자가 관계를 유지하기 위해 어느 정도나 개인적 비용을 희생하는가?
● 다중성(multiplexity)	−한 쌍의 참여자들이 몇 가지 방식으로 관계되어 있나?
구조적 특징	
● 조직밀도(density)	−조직성원의 어느 정도가 네트워크에 참여하나?
● 군집화(clustering)	−얼마나 많은 연합이나 파벌 등을 포함하고 있나?
● 규모(size)	−얼마나 많은 사람들이 네트워크에 참여하나?
● 가시성(visibility)	−관찰자가 누가 네트워크에 참여했는지를 말할 수 있는지, 참여자들이 지도를 그릴 수 있는가?
● 성원기준 (membershipcriteria)	−네트워크에의 진입, 탈퇴의 기준이 명확한가?
● 개방성(openness)	−다른 네트워크와 얼마나 많은 관계를 맺는가?
● 안정성(stability)	−네트워크가 어느 정도나 지속할 수 있는가?
● 관계성 (connectedness)	−가능한 모든 관계 중 실제 존재하는 관계의 정도는?
● 참여 밀도 (occupationaldensity)	−구성원들이 자기위상에 어느 정도 만족하는가?
● 수직적 밀도 (vertical density)	−위계수준의 어느 정도가 네트워크에 도안되는가?
● 집중성(centrality)	−얼마나 많은 sociocratic star를 갖고 있는가?

자료: Tichy(1981), "Networks in Organizations", in Nystrom, P.C. & Starback, W.H.(eds), *Handbook of Organizational Design*, Vol.2 (London: Oxford University Press), p.229.

한편 Achrol(1997)는 이론적 배경과 실무적 배경을 근거로 4가지의 네트워크 조직의 유형을 구분하였다.

첫째, 내부시장 네트워크(internal market networks)로서 독립적 채산제(profit center)로 역할을 하는 내부사업단위로 네트워크 조직화하는 기업으로 기본적으로는 기업정책에 따르면서 사업본부별로 독자적으로 시장수요에 대응하고 시장거래조건으로 의사결정을 하는 형태를 말한다. 핵심내용은 전통적 기업 개념 범위의 계층적 관계를 탈피하고 시장거래처럼 사업단위 간 직접적 거래 네트워크를 이룬다는 것이다. 이 형태는 자유방임의 모습이 아닌 내부 조직 간 제휴형태라고 할 수 있다. 정보, 기술 등의 지식기반 자산의 교류가 있어야 네트워크의 효과성을 기대할 수 있다. 이 형태의 네트워크의 예로서는 GM회사가 8개의 내부시장 사업단위로 재구성하여 네트워크한 경우를 들 수 있다.

둘째, 수직적 마케팅 네트워크는 특정시장에서 네트워크 참여자들이 중요한 환경변화에 적응하고 기업 여건을 조정할 수 있게끔 핵심조직을 중심으로 형성된 직접적인 공급 또는 판매 기업들과의 연합 조직체라고 할 수 있다. 이때 핵심기업은 제조업자, 마케팅 업체, 기술기업, 도매상이 될 수 있으며 네트워크 형성은 기본적으로 전략적 제휴 차원이 아닌 가치사슬상의 기능적 제휴라는 것이다. 예컨대 Nike는 디자인과 마케팅 전문회사로서 제조업체들과 수직적 마케팅 네트워크를 가지고 핵심조직체 또는 네트워크 관계의 통합자(integrator)로서 역할을 한다는 설명이다. 만약에 프랜차이즈 시스템이 네트워크 조직이라는 전제 아래 논의된다면 수직적 마케팅 네트워크의 형태를 갖춘 것으로 볼 수 있을 것이다.

셋째, 시장 내 네트워크로서 이는 서로 다른 산업분야의 기업 간에 제도적으로 연합된 형태로서 수직적 교환관계를 가지며 자원공유, 전략적 의사결정, 문화, 정기적 단체행동 등에서 강한 상호 연계성을 갖는다(Gerlach, 1992). 주로 재무적 자원으로 상호 의존관계를 가지고 있다. 예를 들면 일본의 기업 재벌군(keiretsu)이 여기서 속하는데 구성기업들의 합동이사회의 특징이 개별적 기업에 대한 공식적 통제를 삼가고 사업정보와 시장 환경에 대한 정보교류 등의 비공식적 모임을 성격을 갖는다.

넷째, 기회 네트워크로서 이는 특정사업의 추진 또는 특정 문제의 해결을 위해 제품, 기술, 서비스 등에 특화하여 모였다 해체되고 다시 합류되기도 하는 기업군을 말한다. 네트워크의 핵심에는 마케팅 조직이 존재하는 경우가 많은데 시장정보를 수집, 분산하고 사업추진을 위해 협상하거나 조정하는 역할을 담당한다. 주로 정보기술을 활용하는 경우가 많은데 이 유형에는 직접 마케팅 회사, 전자상거래 시장을 겨냥하는 기업군이나 일본의 종합무역회사(sogo shosha)가 해당된다.

<표 8> Achrol(1997)의 네트워크 유형 분류

구 분	내 용	조직예
내부시장 네트워크 (internal market networks)	계층구조를 감소시키고 외부 환경에 대해 조직을 개방적으로 운영하는 형태	ABB, GM의 탄력적 하청업체 활용
수직적 마케팅 네트워크 (vertical marketing networks)	가치사슬상의 기능의 생산성을 극대화하기 위해 독립적인 기능특화 기업과의 파트너십을 형성	Genentech, Alza, 실리콘밸리의 기술협력
상호시장 내 네트워크 (intermarket networks)	산업 내 수평적 시너지효과를 늘리기 위한 기업 간 협력관계	일본의 Keiretsu시스템
가상적 네트워크 (opportunity networks)	고객수요와 시장기회에 대한 최적의 해결책 모색을 위해 형성되는 임시적인 조직형태	미국 자동차 부품업체의 MEMA / Transnet, 미국면방업계의 TELCOT 등

2) 프랜차이즈 시스템의 네트워크 관계특성

프랜차이즈 시스템은 앞서 본 바와 같이 가맹본사가 가맹점으로부터 받는 일정대가와 교환으로 조직훈련, 머천다이징, 경영지원을 포함한 거래를 하기 위해 판매, 영업특권을 제공하고 프랜차이지(가맹점)는 프랜차이저(가맹본부)가 제공하는 이러한 내용과 영업형태를 가지고 독자적으로 운영하는 지속적인 관계로 정의된다. 다시 말해 수많은 가맹점들과 가맹본사와의 상호 협력으로 이루어지며 가맹본사의 성과는 가맹점들의 성과로서 결정되는, 독립성을 가진 개체들 간의 상호 협력사업 체계인 것이다. 본 논문에서는 외식업 가맹업체를 실증적으로 분석하는 바 사업형 프랜차이즈(business format franchise)초점을 맞춘다.

프랜차이즈 시스템에 대한 네트워크 이론의 적용은 아직은 은유적 표현을 사용하는 단계 또는 탐색적인 단계라고 할 수 있다. 많은 학자들이 프랜차이즈 시스템이 적어도 표면적으로 네트워크라고 보는 것에는 이의가 없는 듯하다(Hoffman과 Preble, 1991; Blankenburg와 Johanson, 1992; 홍성태, 1999).

우선 Hoffman과 Preble(1991)는 전략적인 네트워크 개념을 이용하여 프랜차이즈 시스템의 네트워크 특성을 설명하였는데 이때 네트워크는 기업의 포지션들과 상호 연계(각 포지션 간의 직·간접적 연계)로 구성되며 전략적 네트워크란 공동의 가치창출의 목표를 공유하는 상호 관련된 별개의 조직들 간의 장기적 계약관계라는 것이다. 이들에 의하면 네트워크를 실행 관리하는 것은 각 기업 포지션과 연계관계를 조정하는 것으로 설명하며 이때 연계는 프랜차이즈 시스템 구성원 간의 상호 의존성의 정도를 의미하며 조정하는 방법으로는 프랜차이즈 시스템 내에서 관리적 통제와 신뢰의 정도를 이용한다는 것이다.

Hoffman과 Preble(1991)에 따르면 프랜차이즈 네트워크는 가맹본사와 가맹점 간의 핵심적 연계(focal links)와 가맹점 간 연계(interbranch links)로 구성된다. 핵심적 연계란 가맹본사와 가맹점 간의 직접적인 관계로서 매우 중요하며 정보, 자금, 상품, 서비스, 부품 등의 교류와 운영기술, 관리과정 등이 전달된다. 가맹시스템에서 중요한 가맹본사와 가맹점 간의 상호 의존성은 연계된 가맹점 관계 수와 강도가 커질 때 증가된다. 밀접한 가맹본사와 가맹점 간의 연계는 프랜차이즈 시스템 성공에 결정적인 영향을 미치며 여기에는 제품 공급과 운영기술 제공 같은 중요한 핵심활동이 포함된다. 이러한 연계성의 내용에 따라 제품 −상호 프랜차이징, 사업형(동일형태) 프랜차이징, 전환 프랜차이징 등의 유형으로 구분되기도 한다. 그리고 가맹점 간 연계란 여러 가맹점들 간의 관계를 말하며 가끔은 지역본부 가맹점처럼 가맹본사의 역할이 가맹점의 네트워크에 위임되는 경우도 있다. 가맹점들은 상호 연합하여 본사의 부당행위에 대항하는 단결을 보이기도 하며 외부 위협으로부터 가맹본사를 보호하기도 한다고 설명하고 있다.

Anderson et al.(1994)에 의하면 네트워크 체계는 기본적으로 첫째 네트워크 범위(network horizons), 즉 네트워크 결성에 포함되는 구성원들의 경계선, 둘째 네트워크 구조(network contexts), 즉 네트워크를 구성하는 자원(resources), 행위(activities), 행위주체(actors) 등의 3가지 요소, 그리고 셋째 네트워크 정체성(network identity) 즉 네트워크 관계를 결성하면서 얻어지는 자원 활용가능성, 활동 보완성, 참여기업의 관계 일반화 가능성 등의 3가지 긍정적 효과를 갖추고 있다고 설명하고 있다. 이들은 이를 기준으로 네트워크 체계의 타당성을 점검하고 있다.

Anderson et al.(1994)의 네트워크 체계를 이용하여 프랜차이즈 시스템의 네트워크 성격을 설명해 보면 다음과 같이 적용이 가능할 것이다.

프랜차이즈는 '네트워크 범위'로서 일정한 가맹지역과 가맹점포수를 나름대로 시스템 구성의 경계선으로 가지고 있다. '네트워크 구조(network context) '로서는 가맹본사와 가맹점의 행위주체(actors), 물품공급 등의 본사지원과 가맹점의 본사지침에 따른 운영 등의 행위(activities), 그리고 가맹본사가 가지는 독점적 자산(상표, 운영노하우 등)과 가맹점들의 가맹비, 투자자금, 신제품개발능력 등의 자원(resources)을 갖추고 있음을 알 수 있다.

마지막으로 '네트워크 정체성(identity) '으로서 즉 네트워크를 가짐으로써 발생되는 유익성이 가능해야 하는 바 이는 네트워크 참여기업 간의 상호 자원의 활용가능성, 네트워크 관계 활동의 보완성, 그리고 네트워크 관계의 일반화 가능성으로 구성된다. 프랜차이즈 시스템에서 보건대 ① 자원의존 이론과 대리이론에서 보았듯이 프랜차이즈의 가맹본사와 가맹점이 네트워크 관계를 형성함으로써 상호 이익을 도모한다. ② 프랜차이즈 시스템 가맹본사의 독점적 특유기술과 상표권, 운영 노하우를 가맹점에 이전시켜 활용케 하고, 신제품이 가맹점에서 개발되었을 때 시스템 내의 다른 가맹점에도 파급한다. ③ 실질적으로 프랜차이즈 시스템 구성원 상호간의 교환거래활동은 매출액 성과에 긍정적인 영향을 미친다. 즉 가맹점의 매출액 증가 또는 적극적인 운영노력이 가맹본사의 로열티 수입 및 가맹본사 성장에 직접적인 영향을 미치고 마찬가지로 가맹본사의 지원활동(광고, 홍보지원, 제품개발 등)이 가맹점 성과에 직접적으로 영향을 미친다. 마지막으로 ④ 가맹본사와 기존 가맹점 간의 협력관계는 신규가맹점과의 관계에도 적용된다. 위에서 설명한 Anderson et al.(1994)의 네트워크 관점의 프랜차이즈 시스템에 대한 적용 예를 정리하면 <표 9>와 같다.

<표 9> 프랜차이즈 시스템에 대한 네트워크 이론 관점의 적용

네트워크 체계 특성	프랜차이즈 시스템 적용 예
1. 네트워크 범위	가맹 지역과 가맹점포수
2. 네트워크 구조 ① 행위주체 ② 행위내용 ③ 활용자원	① 가맹본사와 가맹점 ② 물품공급 등의 본사지원과 가맹점의 본사 지침에 따른 운영. ③ 가맹본사가 가지는 독점적 자산(상표, 운영 노하우 등)과 가맹점의 가맹비, 인력, 투자 자금, 신제품개발능력 등
3. 네트워크 정체성 ① 자원 활용가능성 ② 상호 보완성 ③ 일반화 가능성	① 본사의 독점 자산 및 가맹점 투자자금 등의 자원을 활용하여 상호 혜택 가능 ② 가맹본사의 지원이 가맹점 성과에 영향을 주며 가맹점의 노력이 가맹본사의 성과에 영향을 줌. ③ 기존의 가맹본사와 가맹점간의 협력관계가 신규 예정 가맹업체에도 적용됨.

그리고 Achrol(1997)는 네트워크 조직의 유형을 상호 배타적이고 제외되지 않도록(mutually exclusive and exhaustive) 구분하였는데 이러한 유형 구분에 따르면 프랜차이즈 시스템이 가맹점의 판매망 기능을 이용하는 네트워크 체계를 가지고 있는 것으로 볼 수 있다. 이는 Achrol(1997)의 분류에 따르면 수직적 시장 네트워크(마케팅 경로 네트워크)의 형태를 갖추고 있는 것이다. 이 관점에서 볼 때 가맹본사가 제조업자 또는 마케팅 전문 업체로서 통합자 역할을 하며 가맹점들과 상호 이익 또는 상호 의존성으로 묶어진 결속 관계로 이해할 수 있을 것이다.

한편 네트워크 관계는 단순한 이원적 관계와 그 이상의 다원적인 상호 의존관계를 의미하는 것을 지적할 수 있다. Walker(1997)는 네트워크 이론은 주로 상호 관계를 다루는 관계마케팅 이론보다 진전된 다른 차원의 것이라고 보고 있다. Salancik(1995)는 네트워크 이론은 네트워크 관계에서 하나의 특정 상호 작용이 빠지거나 추가되면 전체 네트워크에서의 참여자들 간의 조정 수준이 바뀌어야 한다는 것을 설명할 수 있어야 하고 네트워크 구조 자체가 두 구성원 간의 상호 작용을 가능케 하거나 방지케 하는 기능을 갖추어야 한다고 주장한다. 즉 네트워크 관계는 한 개의 이원적(dyadic) 관계에 머무는 것이 아니고 여러 개의 이원적 관계가 결합된 종합 유기체의 성격을 갖는다는 것이다.

프랜차이즈 시스템은 주로 가맹본사와 가맹점들과의 다수의 이원적 관계를 가지고 운영되는 시스템이라 볼 수 있다. 한두 개의 쌍방 구성원 간에 상호 작용관계를 가지는 관계마케팅 차원의 수준 이상일 수 있는 것이다. 앞서 Hoffman과 Preble(1992)의 연구에서 보았듯이 가맹점 간의 연계도 유효한 역할과 기능을 가지고 있으며 네트워크 조직체계가 다수의 이원적 관계를 결합관계로 포함하고 있는 이론 체계이기 때문에 네트워크 체계의 적용은 충분히 고려해 볼 만하다. 다만 다수의 다원적 관계성이 미약하다는 점 때문에 이원적 거래관계의 관점에 머무는 것이 옳은지 그렇지 않은지 계속적인 논의가 필요할 것으로 보인다. 일정한 여건이 현실적으로 충족되면 Acrol(1997)의 수직적 마케팅 네트워크를 넘어선 수평적 마케팅 네트워크로서 프랜차이즈 시스템을 해석할 수 있을 것이다.

본고에서는 이와 같이 기존문헌의 네트워크 조직의 평가기준에 따라 이론적 적용을 해 보았다. 이론적 적용에는 큰 무리가 없음을 확인한 셈이다. 따라서 프랜차이즈 시스템을 표현적 또는 은유적 개념의 관점에서 충분히 네트워크 조직체계로 간주할 수 있겠으나 현실적으로는 아직 상호 협력의 네트워크의 운영체계라기보다는 갈등과 파워게임이 상존하는 것이 사실이기에 진정한 네트워크 패러다임을 적용하기엔 무리가 아닐 수 없다.

본 논문에서는 이 같은 배경에서 관계성 수준이 네트워크 패러다임보다는 다소 포괄적이고 유연한 관계마케팅 패러다임에 입각하여 프랜차이즈 시스템의 성과에 대한 관리적 행태에 대해 논하고자 한다. 이는 그동안 프랜차이즈 시스템에 대한 연구가 기존의 유통경로에 대한 연구처럼 미시경제학적 접근방식과 구조-행위-성과라는 행동주의적 패러다임에 의해 이루어져 왔던 것에 비교해 본다면 본격적인 관계마케팅적 관점에서 살펴보는 진일보한 연구관점이라 할 수 있겠다(Stern와 Reve, 1980). 그리고 네트워크 체계가 갖고 있는 유연성, 상호 의존성과 상호 협력관계의 특성을 살리는 새로운 연구 시각인 것이다.

광의의 관계마케팅적 관점에서 네트워크 체계가 포함될 수 있다. Mogan과 Hunt(1994)는 관계마케팅을 네트워크 패러다임의 전 단계로 보고 있다. 다각적인 관계마케팅이 형성되는 것을 네트워크로 보는 것이다.

기존의 교환·거래 패러다임의 관리 초점은 협력, 갈등 등의 도구적 과정에 두어졌으나 프랜차이즈 같은 상호 협력적 조직관계에서는 관계성에 초점을 두어 상호 관계가 장기적 개념으로 발전되는 면에 치중하고 있는 것이다. 이는 곧 관계마케팅적 특성이기도 하다.

Achrol(1997)는 네트워크 관계에서는 이원적 관계 관점과는 다른 관점에서의 관리 개념 또는 변수에 초점을 두어야 한다고 주장한다. 예컨대 상호 관계적 관리의 기초가 되는 사회적 규범, 즉 결속성, 상호성, 유연성, 역할보전, 갈등해결, 권한제한 등의 활용과 의미가 이원적 거래 틀에 적용되던 것과는 달라야 한다고 설명하고 있다. 그는 네트워크 관계관리의 특성요소를 크게 관계규범적 성격을 가진 관계의 사회학적(sociological) 차원과 통제파워의 형성관계를 말하는 정치경제적(political economy) 차원으로 구분하고 있다. 사회학적 차원의 특성요소로는 결속력, 역할보전, 상호성, 갈등해결 등의 관계규범과 신뢰를 언급하고 있고 정치경제적 차원으로는 통제파워와 몰입, 상호 의존성을 제시하고 있다.

우선 네트워크 통제파워와 관련하여서는 전통적인 정치경제적 통제

개념인 '파워-의존' 틀에 기본적인 기초를 두고 있다. 여기서 말하는 파워-의존 이론(power-dependence theory)은 의존을 일반적 사회적 관계로 인식함은 물론 상호 관계에서 나타나는 권력의 기초로 인식하는 내용을 말한다(Bacharach와 Lawler, 1980). 파워(타인의 의사결정이나 행동에 영향을 미칠 수 있는 능력)는 네트워크 분석에서 상호 의존성이 전제되는 범위 내에서 가능하다는 것이다.

상호 의존성은 네트워크 조직에 있어서의 사회적 결합상태를 의미하며 한 조직의 존재와 발전을 위해 다른 조직의 도움을 필요로 하는 상태를 말한다(Turnbull et al., 1996).

일반적으로 마케팅 경로의 리더는 통제와 조정수단으로 여러 가지 보상과 강압적 권력, 계약 또는 시장의 힘에 기초한 합법적 권한을 이용하여 채널 구성원들의 협력을 유도한다.

Macneil(1981)은 거래특성이 상호 관계적 일수록 합법적, 강압적 권한의 사용은 줄어든다고 설명한다. Achrol(1997) 역시 이러한 파워 부류는 네트워크 조직의 발전에 도움이 되지 못한다고 주장하고 있다.

네트워크 조직에서는 사회적 결합과 밀접한 관계성 형성이 중요한데 이때 동원되는 파워 원천으로는 재생산되는 전문가 능력, 사회적 평판 파워(reputational or referent power) 등이란 것이다(Achrol, 1997). 사회적 평판 파워는 특정 네트워크 조직에 속함으로서 조직 일원으로서 소속감, 동지애, 안전성을 확보함으로서 얻는 지위를 의미하는 것이다. 예를 들면 외식업 가맹본사가 보유하고 있는 음식조리기법은 전문가 능력이 되며 사회적 평판 파워는 유명 패스트푸드의 가맹점이 되면 가맹점 식구로서 갖는 자긍심을 말한다. 이런 원천을 근거로 가맹본사는 파워를 발휘하게 되는 것이다. Achrol(1997)는 일반적으로 강한 사회 평판적 파워 특성을 가지는 네트워크 조직에는 조직 간 강한 몰입을 만들어 내는 상호투자와 상호 의존성이 전제되어 있다고 한다.

Achrol(1997)는 또한 몰입을 네트워크 관계에서 매우 중요한 개념으로 보고 있다. 몰입은 크게 태도적 몰입과 실행적 몰입으로 구분되는데 (Gundlach, Achrol과 Mentzer, 1995) 태도적 몰입은 우호 감정적 몰입과 순수 태도적 몰입으로 세분화할 수 있다. Achrol(1997)는 우호 감정적 몰입을 제고시키는 통제권리 수단으로 사회적 평판 파워가 작용하며 순수 태도적 몰입을 제고시키는 데는 상호결속 관리방법(interlocking managements)이 작용을 한다고 설명한다. 네트워크 시스템은 관료화 없이 내부적 상호결속 관계로 시장 적응력을 높이고 운영의 효율성, 조정능력, 제품 및 서비스 질을 제고시킬 수 있다는 것이다. Cook과 Emerson(1978)이 네트워크에서의 권한 사용은 거래 네트워크에서 사회적 규범의 핵심 요소인 몰입의 수준에 따라 달라진다고 지적하고 있듯이 몰입 역시 상호의존성과 마찬가지로 정(+)의 관계로 상대적으로 통제파워를 발생시키는 요소이지만 통제파워는 관료적인 것이 아닌 전문가 능력의 발휘, 사회적 평판 파워 등의 발휘로 나타나게 되는 것이다.

다음으로 Achrol(1997)는 네트워크 관계의 사회학적 차원의 관계관리 특성요소로서 신뢰와 행위상의 사회적 관계규범을 제시하고 있다. 사회적 관계규범은 거래 시스템 구성원 간의 공유되고 상호 인정되는 감정과 행위의 패턴으로서 사회적 의무와 압력이 수반되는 것으로 정의된다 (Birenbaum와 Sagarin, 1976). Achrol(1997)는 네트워크 관계 통제를 위해 사회적 관계규범 요소로서 결속성, 상호성, 유연성, 역할보전, 갈등해결 등의 5가지 규범 요소를 제시하고 있다. 그리고 장기적 네트워크 관계의 유지조건으로서와 네트워크 구성원 간의 관계를 연결하는 매개 메커니즘으로서 신뢰를 중요 관계특성요소로 파악하고 있는 것이다.

한편 사회적 규범에 대한 자발적 참여와 가치공유로서 융합되는 것에 비해 비융합되는 경우에는 응당 처벌을 인식하여야 한다. 이때 사회적 규범을 사회적 의무 또는 규칙으로서 작용하게끔 하는 것은 자기규제

수단이다. 즉 사회적 제재는 특정 권한, 역할, 지위 등의 거부 또는 해제로 나타나고 이러한 사회적 제재의 실행방법은 수직적 내지 계층적 관점이 아닌 동료적 관점과 수준에서 이루어져야 한다(Achrol, 1997).

한편 Tichy(1981)는 네트워크의 속성으로서 연계의 특성과 구조적 특성을 제시하고 있다. 앞서 보았듯이 연계의 특성으로 교호성(reciprocity), 규범의 명확성(clarity of norms), 강도(instensity), 다중성(multiplexity) 등을 들고 있고 구조적 특성으로는 조직밀도, 군집화, 규모, 가시성, 구성원 기준, 개방성, 안정성, 관계성, 역할참여의 강도, 위계 밀도, 집중성 등을 제시하고 있다.

Baker(1992)는 네트워크 조직은 단순한 연결의 네트워크화와 다르며 네트워크 관계의 효율적 운영에 작용하는 관계의 질과 공유가치가 있다고 설명하고 있다. 즉 관계 결속도, 다중성, 상호 연계성과 구성원 간 역할과 책임감을 규정하는 공유가치 시스템이 있다는 것이다.

그리고 Gerlach(1992)는 네트워크 관계는 비계층적이고 장기적 몰입을 요하며 다중적 역할과 책임이 따르고 상호 성과 우호적 감정보유를 필요로 한다면서 이들 요소들을 네트워크의 관계특성으로 지적하고 있다.

여러 학자들이 네트워크 관계특성으로서 다양한 요소들을 제시하고 있지만 기본적으로는 상호적 의존관계상 요구되는 비계층적 관계, 다시 말해 수평적 협력관계로서의 특질을 갖고 있다고 하겠다.

한 기업체의 능력이 상호 기업 간의 관계 속에서 또는 그런 관계를 통해 개발되고 적용될 수 있기 때문에 상기와 같은 관계관리 특성요소를 중시하는 네트워크 관계관리능력은 복잡한 동태적 기업 환경 속에서는 매우 중요한 기업자원이 아닐 수 없다. 네트워크 참여기업들의 여러 자원을 결합하고 조정하는 능력이 바로 고객가치를 증가시키는 경쟁전략의 요소이기 때문이다(Turnbull et al., 1996).

본 논문에서는 프랜차이즈 시스템을 관계마케팅 차원에서 보되 분석대상의 프랜차이즈 관계관리상의 특성요소로 서술적 또는 은유적 차원으로 네트워크 유형과 네트워크 특성을 언급한 Achrol(1997)의 설명처럼 통제파워의 근간이며 수단이 되는 상호 의존성을 프랜차이즈 관계의 정치경제적 측면(political economy) 즉 파워적 특성요소로, 그리고 프랜차이즈 상호 관계관리상의 사회적 측면(sociology) 즉 규범적 특성요소로서 신뢰 개념과 관계규범 개념에 유의해 보고자 한다. 관계규범의 구성요소로서는 본사가 규정한 계약에 의해 형성되고 본사와 가맹점들과의 수시 상호 협력을 요하는 특성을 가지는 프랜차이즈 시스템의 특징상 정보교환, 역할보전, 유연성 등의 세 가지 요소를 주목하며 살펴볼 것이다(Achrol, 1997; Macneil, 1980).

프랜차이즈 시스템에서 정보교환상 가맹본사와 가맹점 간의 시장 환경 정보 및 사업운영상의 정보, 매장관리상의 개선 정보 등이 효율적인 운영을 위해 중요한 요소이며 계약서에 의한 네트워크 구성원들의 역할을 제대로 이행하는 것 등을 의미하는 역할보전과 시장 환경변화에 따른 음식가격 및 메뉴의 조정 등으로 이루어지는 유연성 역시 프랜차이즈 시스템에서 중요한 개념이 되기 때문이다.

Ⅳ. 프랜차이즈 시스템 성과에의 영향요인

1. 가맹본사의 사업성과에의 영향요인

Shane(1998)은 대리이론적 관점에서 프랜차이즈 시스템을 파악하고 프랜차이즈 실패(사업중단)를 종속변수로 하여 이것에 영향을 미치는 요인들을 분석하였는데 ⅰ) 수동적인 사업 주인정신(passive ownership)이 클수록, ⅱ) 가맹점의 현금투자(cash investment) 수준이 낮을수록, ⅲ) 가맹점주의 가맹사업 경험여부(없을 시), ⅳ) 가맹점들이 지리적으로 분산될수록, ⅴ) 계약상 가맹본사가 지원하기로 한 품목이 많을수록, ⅵ) 지역본부 가맹점(master franchising)을 사용할수록 프랜차이즈 실패에 정(+)의 영향을 주는 것으로 파악하였다. 또한 통제변수로 사용된 기업연혁(age)과 가맹점과 직영점수로 측정되는 기업규모(size) 변수가 프랜차이즈 성공에 긍정적인 것으로 분석하였다.

이 같은 연구결과는 구체적으로 다음과 같이 해석하고 있다.

첫째, 가맹관계상 대리인으로 역할을 하는 가맹점주의 기업가 정신의

취약은 결과적으로 대리관계의 실패로 나타나 프랜차이즈의 실패로 이어진다고 할 수 있다.

둘째, 가맹점주 입장에서 보다 많은 가맹점 투자액을 감수한 상태에서는 본사의 영업지침이나 목표달성 위해 최선의 노력을 다해 이익분배의 혜택을 얻어갈 수 있기 때문이다.

셋째, 이전에 가맹사업경험을 가진 가맹점주는 현지 지역의 시장특성과 관리기술에 자신이 있기 때문에 가맹점주의 자질조건에 긍정적으로 충족되기 때문이다.

넷째, 본사의 가맹점들에 대한 제반 활동 모니터 비용은 지리적 분산도, 즉 멀리 떨어질수록 많이 들며 통제권에 벗어나면 가맹점주들은 충실한 대리역할을 하기보다는 기회주의적 행동을 하게 되어 프랜차이즈 사업의 실패율을 높여 줄 수 있기 때문이다.

다섯째, 막연한 본사지원서비스는 가맹점으로 하여금 가맹점의 역할과 임무수행에 혼란을 주게 되어 결과적으로 본사의 가맹점 업무 통제비용을 증가케 하여 프랜차이즈 실패로 이어지기 때문이다.

여섯째, 지역본부 가맹점 계약을 허용하게 되면 가맹본사가 직접적으로 가맹점들의 기회주의적 행동을 규제하기 힘들며 통제비용이 증가될 수 있기에 프랜차이즈 실패로 이어지기 때문이다.

Frazer와 Winzar(2005)는 가맹점 이탈이라는 가맹본부 성과변수를 대상으로 상호간의 갈등이 클수록, 그리고 가맹점 수가 많아 프랜차이즈 사업규모가 클수록 이탈율도 높게 나타나며 가맹점 창업비용은 클수록 오히려 브랜드 이탈이 부담으로 작용하여 이탈은 적게 일어난다고 분석하였다. Frazer (2001)는 이전연구에서 프랜차이즈 운영중단이라는 성과변수에 영향을 미치는 것은 본사지원활동의 부족이라기보다 프랜차이즈 사업수명주기상 사업규모와 회사연혁이라 분석하였다. 즉 사업규모가 커지고 회사가 오래될수록 관리의 느슨함 때문에 성과가 나빠진다는 것이다.

Hoffman과 Preble(1991)은 프랜차이즈 시스템을 네트워크로 파악하고 탐색적 연구 수준에서 프랜차이즈 시스템의 성공을 위해서는 가맹본사와 지역본부, 가맹점들 간의 일정한 원칙과 체계를 갖추어야 하는 프랜차이즈 네트워크의 구조화, 원활한 운영관리를 위한 조직관리상의 조직화, 동일한 상표 아래 동일한 서비스를 제공하기 위한 운영지침 등의 표준화가 필요하다고 언급하였다. Castrogiovanni와 Justis(2002)도 프랜차이즈 가맹점 확장을 네트워크 성장이라 보면서 여기에 영향을 미치는 요인으로 해당산업의 거시적 성장세, 프랜차이즈 본사의 성장지향 전략, 그리고 가맹점 창업비용규모 등을 확인하였다.

한편 Guiltinan et al.(1980)은 프랜차이즈 시스템에 있어서의 사업성과의 중간 매개변수인 '조정'은 프랜차이즈 시스템 성공에 필수적 요인이며, 이러한 '조정'수준에 의사소통 효과의 정도, 불확실성을 줄이는 정도와 구성원들의 의사결정 참여도가 영향을 준다고 설명하였다.

2. 가맹점의 사업성과에의 영향요인

기존문헌에서 가맹본사를 대상으로 하는 프랜차이즈 시스템의 성공요인을 실증적으로 분석한 연구는 찾아보기가 쉽지가 않다. 이는 상대적으로 가맹본사의 조사자료수집 및 정보획득에 어려움이 있고 따라서 많은 연구들이 프랜차이즈 시스템 본사의 사업성과를 가맹점들의 성과의 합계로 간주하고 가맹점의 성과를 측정변수로 삼기 때문인 것으로 해석된다. 이하에서는 상대적으로 많은 연구가 되어 있는 가맹점의 사업성공요인에 관해 살펴보고자 한다.

Fenwick과 Strombom(1997)은 가맹점의 사업성과에 영향을 미치는 독립변수로서 인구밀도가 높은 또는 쇼핑몰 내에 위치한 입지와 일정한도 내의 기업가 정신을 가진 가맹점주의 사업자세가 긍정적인 요인인 것으로 파악하였다. 이와 관련 박윤재 외(2004)도 가맹점들의 기업가적 기질과 가맹본사의 마케팅능력이 가맹점 성과에 영향을 미침을 확인하였다.

Hing(1995)은 소비자 구매행동 모델을 이용하여 가맹점 구매(창업결정)로 이어지는 가맹점 만족도에 영향을 미치는 요인을 실증적으로 분석하였는데 첫째, 가맹점주의 성취욕구, 둘째 창업 전 외부전문가의 상담 등의 도움, 셋째 가맹본사의 공개자료 제공 수, 넷째 가맹점 선정평가방법 다양성, 다섯째 초기 및 지속적인 가맹점 지원서비스가 유의적인 영향요인인 것으로 지적하였다.

Claire(2003)는 가맹점 만족도에 가맹본사의 프랜차이즈 네트워크 지속성이 영향을 미친다고 하였고 이창호(2006)는 가맹본사의 윤리경영 여부와 가맹점주의 특성에 달라진다고 분석하였다.

Lewis와 Lambert(1991) 역시 가맹본사의 지원서비스가 가맹점의 만족을 증가시킨다고 확인했고 본부와 가맹점 간 종속관계 정도에 따라서도 가맹점 만족에 영향을 달리 미친다고 파악하였다. 이와 관련하여 고재윤·이상건(2004)은 본사의 영향력, 특히 정보교환 활동과 브랜드파워의 영향력이 크다고 하였다.

Hing(1995)과 Lewis와 Lambert(1991)가 설명하는 가맹본사의 지원서비스와 가맹점 만족 간의 긍정적 관계는 Shane(1998)의 가맹본사 성공과 지원서비스 간의 부정적인 관계의 설명과는 상반되는 듯하나 Shane(1998)의 지적은 가맹본사에 모든 것을 의존해서는 오히려 가맹점의 사업의욕을 감소시킬 수 있다는 의미로 받아들일 수 있는 것이어서 계약상 지원을 약속한 내용을 실행하는 본사의 지원서비스는 긍정적인 영향을 미치는 것으로 볼 수 있어 상충된다고는 할 수 없겠다.

김근배(1999)는 가맹점 만족도에 영향을 미치는 가맹본사의 활동요인으로 개점 전 지원, 상품공급능력, 영업지원, 문제해결능력 이외에 직영점 운영경험 유무 등이 모든 가맹 업종에서 중요한 것으로 나타나고 외식업의 경우 식자재 물류체계 구축여부가 중요한 영향요인으로 작용한다고 지적하였다. 신창훈 외(1999)도 가맹본사의 상품공급, 물류지원이 가맹점 성과에 매우 중요한 영향을 미친다고 소개하였다.

김종명·박명호(1994)는 가맹점의 성과에 영향을 미치는 요인들로서 가맹점의 입지, 가맹본부와 가맹점 간의 관계 정도, 본부지원의 영업수단 등을 실증연구결과로 지적하였다.

Doutt(1984)는 가맹본사의 자본 및 인력규모, 설비이용도가 가맹점의 생산성 변수에 영향을 준다고 했고 Hough(1986), Ozanne와 Hunt (1971)는 가맹본사와 가맹점 간의 권한에 기초한 우호관계와 독립상권 보장, 효과적인 운영지침, 가맹점주의 재무능력, 사업경험, 브랜드 인식 등이 중요한 요인이라 분석하였다.

또한 황의록·김의근(1999)은 가맹본사의 통제와 자율성 부여가 가맹점의 감정적 몰입 성과에 긍정적 영향을 미친다고 하였다.

가맹점 만족도는 결국 가맹재계약으로 이어지는 바, 재계약의도에는 가맹본사에 대한 신뢰가 매우 중요하며 이를 위한 의사소통과 관계규범, 그리고 전체 프랜차이즈 사업의 경쟁우위에 기초한 가맹본사의 경영지도와 지원서비스가 유효한 영향요인으로 작용하는 것으로 보인다. (이창호 외, 2006; Chiou et al., 2003; 황춘기·안치언, 2005).

3. 가맹본사와 가맹점 간의 상호관계성에의 영향요인

프랜차이즈 시스템은 많은 학자들이 언급하듯이 상호 관계성이 프랜차이즈 시스템 성공에 중요하다고 평가되고 있다(김상현, 1997; 김종명·박명호, 1994; Hough, 1986). 즉 가맹본사와 가맹점 간의 만족스럽고 신뢰하는 협력관계가 매우 중요하다는 것이다. 여기서 우리는 직접적으로 프랜차이즈 시스템 성과에 영향을 미치는 요인에 관한 고찰도 중요하지만 이러한 상호 관계의 성공 내지 관계의 질에 영향을 미치는 요인도 간접적인 프랜차이즈 시스템의 성공 영향요인으로서 매우 중요함을 이해할 수 있다. 다시 말해 가맹본사와 가맹점 간에 이루어지는 우호적 관계성에 영향을 미치는 요인들을 파악할 필요가 있는 것이다.

Hopkinson과 Hogarth-Scott(1999)는 Macneil(1979)의 4가지 관계특성, 즉 동질적 의식의 정도, 미래 지속협력 기대감, 갈등해결능력, 힘의 균형으로 파악한 프랜차이즈 관계 질의 수준은 프랜차이즈 사업을 하는 전략적 동기가 어떠하냐에 따라 다르다고 하였다. 프랜차이즈 사업동기가 자원의존 이유일 경우는 가맹본사와 가맹점 간의 동질적 의식 정도와 지속적 협력 기대감이 대리비용, 탐색비용 등을 절감하려는 프랜차이즈 사업 목적일 때보다 적으며 갈등해결성향 또는 힘의 균형에 있어서도 자원의존일 경우보다 대리비용, 탐색비용 등의 절감 동기일 경우에 관계 질이 한층 더 양호한 방향, 즉 상호규범을 이용한다든지 힘의 균형을 이루는 쪽으로 나타난다고 설명하고 있다.

김상현(1997)은 프랜차이즈 시스템의 특성상 가맹본사와 가맹점 간의 관계의 효율적 정립과 교환관계관리에서 오는 시너지 효과를 통한 성과향상이 프랜차이즈 시스템 성공에 필수적이라는 전제 아래 관계교환 성공의 중요요소인 몰입 변수를 연구의 중심개념으로 삼아 분석하였는데 조직행동이론 측면에서의 태도 또는 동기로서 역할하는 '몰입'의 결과변수로서 관계지속성, 순종, 협력, 유연성 등의 활동 지표가 최종적으로 프랜차이즈 시스템 성공에 직접적인 영향을 미친다고 설명하였다. 김상현(1997)의 본 연구에서는 몰입을 경제적인 측면의 계속적 몰입과 사회 심리적 측면의 태도적 몰입으로 구분하여 우선 태도적 몰입의 선행변수로서 커뮤니케이션, 기회주의적 행동, 가맹본사의 지원에 대한 가맹점의 인식도가, 그리고 계속적 몰입의 선행변수로는 대안유효성, 거래특유투자, 가맹본사의 지원에 대한 가맹점의 인식도가 영향을 미쳐 종국적으로 프랜차이즈 시스템 성공여부와 연결된다는 것을 지적하였다.

전달영·강봉희(2000)는 프랜차이즈 시스템 구성원 간의 관계규범과 상호 의존성에 사업환경의 불확실성, 가맹거래특유자산, 가맹약국의 기업가 정신, 가맹동기적 투자, 가맹 대안가능성 등이 영향을 미친다고 전제한 후 분석한 결과 가맹거래특유자산과 가맹점의 기업가 정신이 관계규범에 영향을 미쳐 가맹점의 만족을 높이고 거래특유자산과 동기적 투자요인은 상호 의존성에 영향을 미쳐 가맹점의 본사에 대한 신뢰도와 몰입도를 높인다고 분석하였다.

이외 이자형·윤지환(2006)은 프랜차이즈 동일성 유지에 가맹본사의 통제와 교육 및 물적 지원 그리고 운영매뉴얼 활용이 영향을 미친다고 하였고 이행순·이수범(2006)은 프랜차이즈 선택동기, 브랜드 자산, 본사의 지원서비스, 상호 관계의 질이 상호만족도에 영향을 주며 배일현·박세준(2005)은 상호 작용 공정성, 도덕적 해이가 상호간 관계몰입에 영향을 미친다고 분석하였다. 그리고 서로간의 관계결속에 상호 규범적 지배, 관계수명주기, 의사소통, 본사의 지원, 갈등, 타 브랜드로의 전환장벽, 본부의 영향전략, 상호 의존성, 협력, 목표일치 여부가 영향을 미치는 것으로 연구되었다(송영욱·김승덕, 2006; 강인호 외, 2006; 조현진, 2005).

한편 기업 간 또는 구매자와 판매자 간의 상호 관계성에 관한 연구는 비교적 많이 되어 있어 프랜차이즈 시스템 네트워크 관계관리에도 이용해 볼 수 있다.

Day(1999)는 상호 관계형성 및 성공을 위해서는 첫째 상호 이익, 둘째 몰입, 셋째 신뢰, 넷째 정보교환과 친교, 교환 과정 속에서의 연계적 고리가 필요함을 설명하고 있다. 그리고 Grosby et al.(1990)는 관계의 질을 상호 만족도와 신뢰 정도로 구성되는 상호 관계성의 정도로 파악하고 구매자, 판매자의 상호 목적 유사성, 판매자의 전문적 숙련도, 판매자의 관계 지향적 판매행동이 관계의 질에 영향을 미친다고 보고 있다. 여기서 구매자를 프랜차이즈 시스템의 가맹점, 판매자를 가맹본사로 본다면 의미 있는 내용으로 받아들일 수 있다. Anderson과 Weitz(1992)는 상호 관계의 성공에 결정적인 역할을 하는 관계몰입의 창출에 계약적 조항보다 관계 특유의 보다 효과적이라고 분석하고 있다.

한편 Wilson(1995)은 기업 간 관계 성공을 위한 변수를 상호간의 몰입, 신뢰, 협력, 상호 목적, 상호 의존성과 파워, 성과 만족, 구조적 결합연결, 경쟁대안들에 대한 비교수준, 상대방에 대한 적응, 상호 관계에의 회수 불가능한 투자, 공유기술, 사교적 결합 등의 12개로 종합정리하고 있는데 이러한 요인들이 관계형성 단계, 관계유지 단계 등의 관계성 발전 과정에 따라 중요도를 각각 달리한다고 설명하고 있다. 그리고 Macneil(1980)는 상호교환관계 성공을 위한 결정요인으로 계약적 규범(constract norms)이 필요하다고 지적하고 계약의 견고성 등 10개의 세부 구성요소로 구체화하였다. 안광호·임영균(1998)은 장기적 협력관계의 성패의 결정요인으로 관계규범, 거래윤리, 신뢰, 몰입, 힘의 균등화 등의 5가지를 들어 관계 성공의 중요한 핵심적 요소들을 정리하여 제시하고 있다.

<표 10> 프랜차이즈 시스템 성과에의 영향요인에 관한 선행연구 요약

구분	주요특성변수	성과변수	연구자
체인본사성과	• 가맹점주의 사업가정신, 가맹점의 현금투자수준, 가맹점주의 사업경험여부, 본부의 지원품목, 가맹점의 지리적 분산정도, 지역본부 가맹점 활용여부, 본부 연혁, 기업규모	• 프랜차이즈 실패 (사업중단)	• Shane(1998)
	• 가맹사업수명주기의 연혁, 사업규모 • 가맹사업규모, 가맹점투자규모, 갈등	• 브랜드전환(분쟁), • 가맹점이탈	• Frazer(2001), • Frazer & Winzar (2005)
	• 네트워크 구조화·조직화·표준화 • 가맹창업비용규모, 산업성장세, 성장지향전략	• 프랜차이즈 사업성공 • 네트워크 성장	• Hoffman & Preble (1991) • Castrogiovanni & Justis(2002)
	• 가맹점과의 의사소통 정도, 가맹점 사업의 불확실성 감소 노력지원, 의사결정 과정에 가맹점 참여	조　정	Guiltinan et al.(1980)
가맹점성과	• 가맹점 입지, 가맹점주의 일정한도 내의 기업가 정신 보유 여부 • 가맹점주의 기업가기질, 본사의 마케팅능력	• 가맹점의 성과 (재무성과, 만족)	• Fenwick & Strombom (1997), • 박윤재 외(2004)
	• 가맹점주의 성취욕구, 외부전문가의 상담이용, 가맹본사의 공개자료 제공 수, 가맹 점 선정평가방법 다양성, 초기 및 지속적인 가맹점 지원서비스	• 가맹점의 만족도	• Hing(1995),
	• 프랜차이즈 네트워크 지속성 • 윤리경영(사회공헌, 제품, 직원), 가맹점주 특성 • 개점 전 지원, 상품공급능력, 영업지원, 문제해결능력, 직영점 운영경험 유무, 식자재 물류체계 구축여부(외식업)		• Claire(2003), • 이창호(2006), • 김근배(1999)
	• 경영지도, 영업지원, 정보지원, 신뢰, 의사소통 • 의사소통, 지원서비스, 사업의 경쟁우위 • 원자재공급, 관계규범	• 재계약의도 • 본사신뢰, 만족, 재계약의도 • 만족, 재계약의도	• 이창호 외(2006), • Chiou et al.(2003), • 황춘기·안치언(2005)
	• 가맹본사지원서비스, 본사와의 종속관계 • 본사 영향력(정보교환), 브랜드 파워 • 가맹점의 입지, 본부와 가맹점 간의 관계, 가맹본사의 영업수단 지원 • 브랜드 인식, 독립상권 보장, 운영지침, 가맹점주의 사업경험, 재무능력 • 본사의 자본 및 인력규모, 설비이용도 • 본부 관리지침, 광고활동, 교육, 부품공급능력 • 상품공급, 물류지원 • 통제, 자율성 등의 운영지침	가맹점의만족도, (재무성과, 생산성, 경쟁비교성과, 몰입 등)	• Lewis & Lambert (1991). • 고재윤, 이상건(2004) • 김종명·박명호(1994). • Hough(1986), 　Ozanne & Hunt (1971), • Doutt(1984), • 신창훈 외(1999), • 황의록·김의근(1999)

구분	주요특성변수	성과변수	연구자
상호관계성과	• 프랜차이즈 형성동기(자원의존 v.s 비용절감) • 환경불확실성, 가맹거래특유자산, 가맹점주 기업가 정신, 가맹동기적 투자, 가맹대안 • 선택동기, 브랜드자산, 지원서비스, 관계 질 • 상호 작용 공정성, 도덕적 해이 • 규범적 지배, 관계수명주기 • 의사소통, 지원, 갈등, 전환장벽 • 본부의 영향전략, 의존성, 협력, 목표일치 • 통제, 교육 및 물적 지원, 운영매뉴얼	• 프랜차이즈 관계특성(동질의식, 협력지속 기대 힘의 균형) • 관계규범, 상호 의존성, 만족, 신뢰, 몰입 • 상호만족도 • 관계몰입, 지각 • 관계결속 • 결속(재계약의도) • 결속 • 프랜차이즈 동일성 유지	• Hopkinson과 Hogarth-Scott(1999) • 전달영·강봉희(2000) • 이행순·이수범(2006) • 배일현·박세준(2005) • 송영욱·김승덕(2006) • 강인호 외 (2006), • 조현진(2005) • 이자형·윤지환(2006)
	• 상호 이익, 몰입, 신뢰, 연계적 고리(정보교환, 친교, 과정상) • 몰입, 신뢰, 협력, 상호 목적, 상호 의존성과 파워, 성과 만족, 구조적 결합연결, 경쟁대안들에 대한 비교수준, 상대방에 대한 적응, 상호 관계에의 회수 불가능한 투자, 공유기술, 친교적 결합	• 상호 관계형성 및 성공 • 기업 간 관계 성공	• Day(1999), • Wilson(1995)
	• 상호 목적 유사성, 전문적 숙련도, 관계지향적 행동	• 관계의 질(상호만족도, 신뢰정도),	• Grosby et al. (1990)
	• 계약적 규범	• 상호 교환관계 성공	• Macneil(1980)
	• 관계 특유의 투자수준 • 커뮤니케이션, 대안유효성, 기회주의적 행동여부, 거래특유투자, 가맹본부의 지원에 대한 가맹점의 인식도	• 관계적 몰입 • 관계몰입	• Anderson과 Weitz(1992) • 김상현(1997)
	• 관계규범, 거래윤리, 신뢰, 몰입, 힘의 균등화	• 장기적 협력관계성패	• 안광호·임영균(1998)

V. 프랜차이즈 시스템과 관계마케팅

1. 관계마케팅

지난 80년대부터 기존의 마케팅 이론과 실무업계에 있어 커다란 변혁이 진행되어 왔다. 근본적 재조정 또는 진정한 패러다임 변화라 표현되는 이 현상은 바로 관계마케팅의 등장을 말한다. 사실 지금까지의 마케팅은 현재고객을 유지하는 것보다 새로운 고객을 창출하는 데 치중하였으며 고객과의 연속적 관계(relationships)보다는 새로운 거래(transactions)에 초점을 두었다. 그러나 신규고객의 개발 내지 유지를 위하여 소요되는 비용이 기존고객의 유지비용보다 5배에 해당하는 엄청난 지출을 요하고 고객이탈률을 5% 정도 줄이게 되면 25-85%의 이익이 되돌아온다는 지적을 받고 보면 지금과 같은 경쟁의 시대는 고객유지가 중요하다는 것을 깨닫지 않을 수가 없다(박명호 외, 1997). 이 같은 배경 속에서 탄생한 관계마케팅(relationship marketing)은 기존의 단편적 거래(discrete transaction), 즉 별개의 거래로 시작되어 단기적 존속 내지 일정 성과 달성으로 거래가 종료되는 형태와는 달리 관계적 거래(relational exchange), 즉 예전의 협정에 따라 장기적 존속으로 지속적인 거래가 진행되는 형태를 의미한다(Dwyer, Schurr, and Oh, 1987). 이 개념에는 관계계약(Macneil, 1980), 파트너십(Anderson과 Narus, 1990), 공생마케팅(Varadarajan과 Rajaratnam, 1986), 전략적 제휴(Day, 1990), 공동마케팅 제휴(Bucklin과 Sengupta, 1993), 그리고 내부마케팅(Arndt, 1983; Berry와 Parasuraman, 1991)의 의미를 포함하고 있다고 간주되고 있다. 관계마케팅의 관계적 거래는 공급업자와의 관계, 고객 등의 구매업자와의 관계, 기업 내부적 관계, 외부환경 구성원과의 관계 등에서 이루어질 수 있으며(Morgan과 Hunt, 1994), 산업마케팅뿐만 아니라 서비스마케팅 등 모든 분야에서 가능하다. 본 연구에서는 관계마케팅의 과정에 초점을 두어 Dwyer, Schurr, and Oh (1987)의 견해에 의거, 관계마케팅은 성공적인 관계적 거래를 형성, 개발하고 유지하는 모든 마케팅 활동을 의미하는 것으로 보고자 한다. 그동안 마케팅에 있어서 구매자와 판매자 간의 교환관계에 대한 많은 연구가 있었지만 그것들은 대부분 단편적 거래(discrete transaction)에 국한되는 것이었다. 지속적인 거래관계에 관한 연구는 상대적으로 부족하였다(Dwyer, Schurr, and Oh, 1987). 프랜차이즈 시스템에 관한 연구에서도 이러한 사정은 마찬가지이다(Fulop과 Forward, 1997).

최근의 마케팅 업계와 학계에서는 단기적(short-term)이고 단편적 교환거래(discrete exchange transaction)의 상호 독립적인 이해관계로부터 장기적(long-term)이고 반복적인 상호 작용관계를 강조하는 전략적 제휴, 합작투자, 파트너십 형성 등과 같은 관계마케팅이 강조되고 있는 것이다.

본고의 연구대상인 프랜차이즈 시스템에서도 이 같은 관계마케팅적 관점이 중요시되고 있다. 즉 가맹본사와 가맹점의 관계뿐만 아니라 고객과의 관계에서 장기적 상호 관계가 가맹사업의 운영에서 크게 작용하고 있는 것이다. 예를 들어 가맹점들은 가맹본사와 한두 번의 거래로 가맹관계를 갖는 것이 아니고 같은 상호와 같은 품질 아래 상품공급관계, 교육지도관계, 공동마케팅 협력관계 등으로 공생적 관계마케팅을 실시하고 있는 것이고 해당 브랜드에 충성적인 고객들과도 동일한 고객가치를 창출하는 관계마케팅을 형성하고 유지해 나가는 것이다.

따라서 본고의 실증연구 부분인 Ⅵ장에서는 가맹본사와 가맹점 간의 관계적 특성에 관한 인과관계를 관계마케팅 차원에서 파악하여 연구개념 틀을 제시하고자 한다.

2. 프랜차이즈 시스템의 관계마케팅적 특성요소

1) 관계규범과 상호 의존성

본 연구에서는 프랜차이즈 시스템의 가맹본사와 가맹점 간의 관계에 초점을 두고 있다. 프랜차이즈 시스템의 관계적 특성 또는 관계관리를 논하려면 가맹점과 가맹본사 간의 프랜차이즈 관계형성의 근간 즉 상호 의존성 관계를 함께 파악해야 한다. 프랜차이즈 시스템은 가맹본사가 만든 계약문서에 의해 가맹점과의 계약관계로 형성되는 상호 의존적 형태이기 때문이다. 프랜차이즈 관계관리는 관계형성 문제와 상호 밀접해 있는 것이다. 본 논문에서는 Achrol(1997)의 설명처럼 관계규범 개념을 프랜차이즈 상호 관계상의 사회적 측면(sociology)을 나타내는 프랜차이즈 관계관리 특성요소로 삼고 그리고 프랜차이즈 관계형성상 프랜차이즈 관계관리통제차원의 근간이며 수단이 되는 상호 의존성을 프랜차이즈 시스템의 정치경제적 측면(political economy)의 특성요소로서 채택한다.

(1) 관계규범

프랜차이즈 시스템은 앞서 논의된 바와 같이 관계마케팅의 체계를 갖고 있는 유통경로의 일종이라 할 수 있다. 즉 프랜차이즈 본사와 가맹점 간에는 공생의 협력관계를 형성하고 있는 것이다.

프랜차이즈 관계관리는 가맹본사가 가맹점과 관계를 형성하고 성공적으로 유지 관리 및 종결하기까지의 활동 내용을 말한다. Hing(1995)는 가맹본사가 가맹점들을 위해 지속적인 수행해야 할 업무로서 운영매뉴얼 관리, 교육훈련, 상품공급, 마케팅 지원, 회계업무 지원, 종업원 교육, 성과관리 등의 현장 매장 답사를 통한 관리활동을 언급하며 이들이 가맹점들의 만족에 영향을 미친다고 지적하고 있다.

앞서 문헌고찰에서 언급된 Hoffman와 Preble(1991)는 프랜차이즈 시스템의 성공을 위해서는 전략적인 네트워크 차원의 구조화, 조직화, 표준화가 있어야 한다고 설명하고 있다. 프랜차이즈 체계를 관리 조정하는 방법으로 도입기, 성장기에는 본사의 통제가 다소 느슨하게 유지되며 성숙기에는 엄격한 조정 형태가 사업의 안정적인 이익을 보장해 주는 것으로 보고 있다.

프랜차이즈 관계관리 특성이란 이러한 관계관리활동을 수행하는 과정에서 가맹본사가 중요하게 인식하고 있는 관리요인들이라 할 수 있다(Mo'ller 와 Halinen, 1999).

관계마케팅과 관련된 기존문헌고찰로부터 관계규범, 상호 의존성, 상호 신뢰, 상호자율성, 관계몰입, 장기적 관계 지향 등의 특성을 상호 협력관계형성과 유지의 충분조건으로 선별해 볼 수 있다(Morgan와 Hunt, 1994; Nevin, 1995; Anderson와 Weitz, 1992; Bradach와 Eccles, 1989). 이러한 요인들이 관계관리상의 주요특성이며 중요사항이 되는 것이다.

본 연구에서는 프랜차이즈 시스템의 관계관리 특성으로 관계규범 중요성을 제시하고자 한다.

관계규범(relational norm)이란 거래관계를 맺고 있는 거래 당사자들에 의해 수용되는 행동의 규칙 또는 상대방 행위에 대한 기대라고 할 수 있다(Macneil, 1980). 프랜차이즈 시스템은 가맹본사와 가맹점 간의 관계를 네트워크 형태의 관계마케팅적 차원으로 볼 때 일정한 통제규율을 이용하는 관리가 아닌 암묵적으로 지켜지는 자율적 규칙에 의존하는 것이 지지된다고 볼 수 있다. 프랜차이즈 시스템은 형식화된 통제 시스템보다는 상호간의 규범을 중시여기는 관계성에서 관리방식을 찾아야 할 것으로 보는 것이다. Noordewier, John와 Nevin(1990)은 상호 관계적 규범은 공식적 통제를 보완하는 역할을 한다고 지적하고 있고 Young과 Wilkinson(1989)은 수평적 협력관계에서는 구성원들이 상호 조정 원칙을 만들어 협력적 활동을 유도한다고 설명하고 있다. Arndt(1979)도 같은 차원에서 쌍방적 의존관계 즉 가맹업계 간의 거래시장 같은 곳에서는 상호 관계의 안정성은 암묵적 계약으로부터 유지, 발전된다고 주장하고 있다. 쌍방적 의존관계일수록 명백한(explicit) 계약과 통제는 불필요하다는 것이다(Williamson, 1981). 본 연구에서는 프랜차이즈 시스템을 쌍방적 의존관계성이 높은 유통경로의 한 형태로 보고 있다. 따라서 명백한 계약과 공식적(formal) 관리통제보다 암묵적 측면의 관계측면의 관계규범(relational norms)을 중요하게 제시할 필요가 있는 것이다.

관계규범은 다차원적인 개념으로 Kaufmann과 Stern(1988)는 결속, 역할보전, 상호성 등의 구성요소로 보고, Macneil(1980)는 역할보전, 정보교환, 결속, 상호성, 유연성 등의 다양한 요소로 구성된다고 보고 있다.

본 연구에서는 프랜차이즈 특성상 프랜차이즈의 고유한 개념이라 할 수 있는 정보교환, 역할보전, 그리고 유연성 등의 세 가지 요소를 가지는 것으로 보고자 한다.

정보교환(information exchange)은 가맹본사와 가맹점 간의 영업활동과 경영활동 등에 관한 자료 공개 및 정보를 주고받는 것을 말한다. 가맹본사의 경영자료 공개가 가맹점의 사업 만족에 긍정적인 영향을 미치거나 커뮤니케이션이 관계몰입에 영향을 준다는 등의 관계 구성원 간의 정보교환의 중요성에 관한 많은 연구가 있다(Hing, 1995; Morgan 과 Hunt, 1994). 프랜차이즈 네트워크에서는 가맹본사와 가맹점 간, 그리고 가맹점들 간의 사업 진행 상황에 대한 정보교환으로 공동의 발전을 도모할 필요가 있다. 상호 의존적이고 상호 이익을 지향하는 공생의 관계이기 때문에 어려운 문제가 발생하였더라도 협력하여 해결해야 하는 차원에서 정보교환 개념은 관계규범의 여러 구성개념 중에서도 매우 중요한 요소가 된다.

역할보전(role integrity)이란 상호 거래관계에서 약속된 역할의 유지 상태를 말하는 것이다(Kaufmann과 Stern, 1988). 프랜차이즈 시스템은 가맹본사가 만든 계약조건에 예정 가맹점이 만족 여부를 검토하여 계약체결이 되는 일방의 부합계약의 형태로서 관계형성이 시작되며(Heide, 1994), 가맹본사와 가맹점 간의 수평적인 혼합조직형태(hybrid organization)로 이루어지는 것이다. 이러한 조직에서는 엄중한 통제규율에 의해 관리하기보다는 계약 당시에 정해진 각자의 역할에 충실함으로써 성공적인 관계 발전과 프랜차이즈 성과를 기대할 수 있다. 예를 들어 한 가맹점이 다른 가맹점이 관할하는 상권영역에 대해 침해하는 경우는 가맹점의 역할을 제대로 수행하지 못하는 것으로 볼 수 있다. 가맹본사가 해야 할 관계 업무, 즉 가맹점 지도, 교육훈련, 영업지원 등의 활동을 암묵적으로 이행할 때 전체 가맹점들 역시 스스로 규정된 활동을 수행하여 관계규범은 지켜지고 상호 만족스런 사업성과는 얻어지는 것이라 할 수 있다.

유연성(flexibility)은 관계형성의 환경 및 기업 환경이 변화하면 교환관계의 본질 및 조건을 우호적으로 조정하고 적응하는 쌍방 간의 기대 정도를 말한다(Heide와 John, 1992). 외부환경을 중시여기는 관계에서는 실제 업무, 정책, 규율, 기능이 시간적으로 적절히 변화하는 것을 허용할 수밖에 없다(Macneil, 1980). 유연성이 제대로 관계규범으로 구실하기 위해서는 기존의 조건을 조정하는 자체를 허용하여야 하고 환경변화의 중요성을 인식할 수 있어야 한다(Achrol, 1997). 유연성을 확보하기 위한 노력으로 프랜차이즈 구성원 간의 환경 분석 정보를 공유해야 하고 모든 구성원에게 환경변화에 참여하여 적절히 대응한 대가의 수혜를 받게끔 해야 한다. 예를 들어 프랜차이즈 가맹점이 시장변화에 따라 기존 음식가격을 인하할 필요가 있을 때 적절한 가격조정을 하는 것은 가맹본사와 가맹점 간의 원만한 가맹관계유지를 위해 서로가 인정해야 할 내용으로 볼 수 있다. 이는 자율성 부여의 문제로도 파악이 가능하며 관계의 질에 영향을 미칠 수 있는 것이다(김의근·황의록, 1999).

본 연구에서는 프랜차이즈 관계관리상 정보교환, 역할보전, 유연성 수준으로 관계규범을 중요시한다는 의미로 파악하고자 한다.

(2) 상호 의존성

Hoffman과 Preble(1991)는 프랜차이즈 가맹점 관리통제 유형을 구분하고 있는데 경제적 수단을 이용하는 방법, 법적 계약체결을 통해 하는 방법과 신뢰성과 경로상의 힘을 사용하는 방법 등이 그것이다. 우선 경제적 통제는 본사의 이윤목표를 공유케 하고 일관된 로열티 부과 실시 정책 등을 통해 하는 것을 말하며 법적 계약을 통한 관리통제는 계약 내용에 물리적 시설 배치부터 가맹점 관리방법과 물품관리의 표준화, 재무기록 점검 등을 규정하여 관리통제를 실시하는 것을 말한다. 그리고 순수 관리적 통제에는 상호간에 형성되는 신뢰감과 파워를 사용하는바 사회적 통제방식으로 볼 수 있으며 이때 신뢰는 가맹본사, 가맹점 간 의존관계에서 상호 의사소통과 오리엔테이션, 교육훈련 등을 통해 제고되는 것으로 보고 있다.

프랜차이즈 시스템은 수많은 가맹점들을 동일한 브랜드와 가맹본사의 일관된 관리지침을 통해 운영되는 것이다. 프랜차이즈 시스템에서는 가맹본사가 가맹점들을 일정수준 관리통제하는 것이 필요하다. 예를 들어 유명 패스트푸드 가맹본사들은 가맹점들을 본사가 원하는 수준의 상품 품질, 회계장부 표준화 및 매장관리수준을 지키기 위해 일정한 운영매뉴얼을 이용하고 있다(Khan, 1992). 수시로 본사의 슈퍼바이저가 가맹점포를 찾아가 지도관리를 하고 있는 것이다. 가맹본사가 가맹점들을 개업 후 사업 지원 차원에서 일정한 관리를 해 주어야 한다. 프랜차이즈 본사는 가맹점 관계를 형성하고 유지, 종결까지의 관리를 얼마나 표준화하고 체계적으로 하고 있는가에 따라 관계관리의 능력 평가를 달리 받을 수 있는 것이며 가맹점들의 사업성공여부도 결정된다고 볼 수 있기 때문에 관리적 통제는 매우 중요하다.

그러나 사업 지원 차원에서 수행되는 가맹점 매장관리는 직영점처럼 엄격한 규율에 의한 통제를 할 수도 없으며 방임 상태로 두어서도 안 되는 특성을 가지고 있는 것이다.

이때 대두되는 것이 상호 의존성이라 할 수 있다. Hoffman과 Preble (1991)의 순수 관리적 통제가 가능케 하는 것이 상호 의존성이기 때문이다. 상호 의존성은 경로구성원들의 신뢰를 구축하고 몰입관계를 유지하는 데 필수적인 관계특성변수이다(Lusch와 Brown, 1996; Pfeffer과 Salancik, 1978; Easton과 Ha'kansson, 1996). 거래 당사자 간의 파워는 서로의 거래관계에 있어 쌍방 간에 얼마나 의존하느냐에 달려 있다(Dwyer, Schurr과 Oh, 1987; Ganesan, 1994). 상호 의존성은 상호 협력적인 조직의 사회적 결합상태를 의미하며 조직구성원의 태도적 몰입을 유도하는 데 매우 필요한 조건이 된다(Achrol, 1997). 가맹본사와 가맹점 간의 관계는 상호 의존성을 전제로 한 네트워크 또는 상호 협력적 특성을 가지기 때문에 (Blankenburg와 Johanson, 1992) 프랜차이즈 시스템에서 관리 수단을 활용할 수 있는 여건이 되는 것이다.

원래 상호 의존성 개념은 사회적 교환이론 등의 자연주의적 관점과 상황이론, 거래비용이론 등의 합리주의적 관점에서 상당 수준 연구되어 있는 연구 개념이다(홍길표, 1996). 본 논문에서는 사회적 교환이론 등의 자연주의적 관점에서 보고자 한다. 즉 사회적 교환이론에서는 행위자 상호간에 맺는 사회적 관계의 내용에 관심을 두고 있는바, 파워를 의존(dependence)의 역의 관계로 규정하고 있다. 여기서 말하는 파워는 의존관계의 비대칭성에 의해 나타난다. 이는 곧 권력−의존(power-dependence) 이론의 내용이기도 하다(Bacharach와 Lawler, 1980). 의존가치가 커질수록 상대적으로 파워는 증가한다는 것이다. 특히 통제나 참여의 개념으로 이루어지는 수직적 관계의 권력(vertical power)과는 달리 수평적 관계의 권력(lateral power)은 의존성을 통해 이루어진다는 것이다(Hickson, et al., 1981).

따라서 상호 의존성은 프랜차이즈 시스템의 관리통제를 위한 방편으로서 그리고 상호 관계의 밀집도를 측정해 볼 수 있는 개념으로서 활용할 수 있는 것이다.

상호 의존성 개념에는 일방의 이익이 아닌 참여기업 모두의 상생관계(win-win)를 의미하는 상호 이익성(Anderson et al., 1994; Day, 1999)과 거래관계 상호간의 이익과 비용 부담의 공정한 배분을 의미하는 상호성(mutuality) 개념을 포함하는 구성개념이라고 할 수 있다. 즉 가맹본사와 가맹점 간의 상호 의존관계에는 상호 이익(mutual benefits) 제공이라는 일치된 목표를 가지고 있고 이것을 위해 자원의존 및 정보 협조 등의 협력관계로서 의존이 되어 있기 때문에 상호 의존성 개념에 '지각된 일치성' 개념(Jarillo, 1988)이나 상호 이익성 개념이 포함된 것으로 볼 수 있겠다.

이 같은 배경과 설명을 근거로 하여 본 논문에서는 상호 의존성 개념을 관계관리의 이면 요소로서 그리고 간접적인 통제의 방편으로 제시하는 것이다.

상기의 관계관리상의 특성 개념은 프랜차이즈 관계를 형성하기 위한 조건(상호 의존성), 관계유지 관리과정상의 조건(역할보전, 정보교환과 유연성)으로 해석해 볼 수 있다.

2) 신뢰와 몰입

관계의 질(relationship quality)이라는 개념이 문헌에 따라 다양하게 사용되고 있다. 예를 들면 Dwyer와 Oh(1987)는 관계의 질을 교환 파트너와의 만족, 신뢰 그리고 최소한의 기회주의로 정의하고 있으며 Dorsh, Swanson와 Kelly(1998)는 관계의 질을 신뢰, 만족, 몰입, 최소한의 기회주의, 소비자 지향성과 윤리적 측면을 포함하는 복합적 구성개념으로 보고 있다. 또한 Smith(1998)는 관계의 질을 적어도 만족, 신뢰, 몰입의 개념으로 나타나는 상위의 구성개념으로 정의한다. 본 논문에서는 이들의 논의를 참고하여 외식업 프랜차이즈 시스템에서 가맹본사와 가맹점 간의 상호 신뢰와 관계몰입으로 Smith(1998)의 정의처럼 상위의 구성개념으로 파악하여 정의한다.

(1) 신　뢰

그동안 관계마케팅 관련 문헌에서 신뢰 개념에 대해서는 많은 논의가 이루어져 왔다(Dwyer, Schurr와 Oh, 1987; Ganesan, 1994; Anderson과 Narus, 1990; Anderson과 Weitz, 1989, Morgan와 Hunt, 1994; Kumar, 1996). 프랜차이즈 관계를 포함한 기업 간 관계유지를 위한 가

장 중요한 요소로 자주 언급되는 것이 신뢰성 요인이다(Morgan와 Hunt, 1994; Kumar, 1996; Bradach와 Eccles, 1989; Jarillo, 1988). 상호 관계에서 실패의 원인인 기회주의적 행동과 갈등을 방지하는 것은 상호간의 신뢰성이기 때문이다. 신뢰는 관계 구성원 간의 관계를 우호적으로 연결해 주는 매개 메커니즘(mediating mechanism)의 역할을 한다. 시장체계의 거래구조에서는 가격에 의존하고, 계층적 구조에서는 권위(authority)에 의존한다면 관계마케팅 차원에서는 장기적인 협력관계를 발생시키는 신뢰에 기반하고 있다는 것이다(Bradach와 Eccles, 1989; Powel, 1990). 프랜차이즈 관계 역시 가맹점이 가맹본사를 얼마나 신뢰하느냐에 따라 다른 경쟁 브랜드보다 결속력이 강화되고 기회주의적 행위를 삼가는 것이다. 본 연구에서도 프랜차이즈 관계의 질은 상호 신뢰의 정도에서 기초한다고 보고 프랜차이즈 관계관리상의 상호 신뢰성을 관계관리의 결과변수로서의 구성개념으로 삼고자 한다.

(2) 몰 입

Dwyer, Schurr와 Oh(1987)는 몰입(commitment)을 교환 당사자들 간의 관계적 지속성에 대한 묵시적(implicit) 또는 명시적(explicit) 서약(pledge)이라고 정의하였다. Anderson & Weitz(1992)는 몰입을 현재의 관계에서 이익과 비용에 근거한 단순한 평가 이상의 것으로 생각하고 안정성(stability)과 희생(sacrifice)의 개념으로 파악하였다. Morgan & Hunt (1994)는 몰입을 사회적 교환분야, 조직분야에서 인용하여 구매자 -판매자 관계에서의 몰입을 관계몰입이라고 정의하고 거래 상대방과의 지속적인 관계를 유지하기 위해서 최대한의 노력을 기울이고자 하는 교환당사자의 믿음으로 정의하였다. 즉, 몰입은 파트너에 대한 관계의 중요성과 미래에까지 관계를 지속하고자 하는 욕망을 암시한다. 이러한 유통경로 문헌들에 있는 다양한 몰입에 대한 정의들은 몰입을 기업 간 관계를 안정시키는 역할로 분명히 반영하고 있다.

몰입은 주로 사람 간 관계에서 사용·발전되어 온 개념으로 기업 간 몰입(interfirm commitment)의 여러 측면에 대한 탐구나 이의 조작적 정의나 측정 척도의 개발은 미흡한 상태이다. 기업 간 몰입의 가장 중요한 요소는 특정 기업 간 관계를 장기간에 걸쳐 유지·발전시키려는 경향으로 정의되는 관계지속성(relational continuity)이다(Dant & Wilson, 1990). 교환기업 간 관계를 결속시키는 힘으로 정의되는 기업 간 몰입은 경제적 측면에서의 계속적 몰입(continuous commitment)과 사회·심리적 측면에서의 태도적 몰입(attitudinal commitment)을 합한 함수관계로 표시할 수 있는데(몰입=계속적 몰입+태도적 몰입), 기업 간 몰입을 구성하는 이 두 요소는 서로 다른 선행변수와 상호관련 변수를 가지고 상호 독립적으로 생성·발전한다는 점에서 충분히 별개 개념들로 간주할 수 있다(Meyer & Allen, 1987). 김상현(1995)은 몰입을 태도적 몰입과 계속적 몰입으로 구분하였다. Gundlach, Achrol과 Mentzer(1995)는 네트워크 관계에서 매우 중요한 개념이 몰입이라 설명하면서 크게 태도적 몰입과 실행적 몰입으로 구분하고 있다. 태도적 몰입은 우호 감정적 몰입과 순수 태도적 몰입으로 세분화할 수 있다.

이러한 연구결과들을 살펴본다면, 몰입은 여러 가지로 세분화될 수 있으나, 크게 두 가지 차원으로 구분해 볼 수 있을 것이다. 즉, 인지적 차원의 몰입과 감정적 차원의 몰입을 태도적 몰입으로 그리고 행동적 차원의 몰입과 계속적 차원의 몰입을 계속적 몰입으로 정의하고자 한다.

일반적으로 태도적 몰입은 주로 개인 간 관계에서 구성원들의 심리적 측면을 반영하기 때문에 감정적 차원에 기인한다고 볼 수 있으며 상호 관계에서의 만족 상태를 측정할 수 있는 대상으로서의 개념이 될 수 있으며 반면에 계속적 몰입은 내적·개인적 동기가 아닌 외적·경제적 이해관계에 기인하기 때문에 교환 당사자 간의 경제적·구조적(structural) 결속 수준이라고 파악할 수 있는 것이다.

프랜차이즈 시스템에서는 가맹본사와 가맹점의 관계가 만족스럽게 유지되면 관계몰입, 즉 태도적 몰입으로 현재를 유지하고 계속적 몰입으로 장기적 계약관계로 구조적으로 결속되고자 하는 것을 의미한다고 볼 수 있다. 예컨대 가맹점 입장에서 본사의 지원과 점포지도 등의 관계관리 혜택으로 만족할 만한 사업성과가 있게 되면 가맹본사와의 계약관계에 흡족하고 현존의 가맹관계에 몰입을 하게 된다. 프랜차이즈 사업의 재무적 성과는 이러한 관계몰입에 영향을 받고 있음을 전제로(Anderson과 Weitz, 1992), 상호 협력적 프랜차이즈 관계를 위해서는 관계몰입이 매우 중요한 연구 개념이 되는 것이다.

본 연구에서는 프랜차이즈 체계상 가맹본사와 가맹점 간의 교환관계에 있어서의 관계몰입을 계약관계의 지속을 원하는 여부를 계속적 몰입 개념 중심으로 보되, 태도적 몰입과 계속적 몰입 개념 차원으로 측정하고자 한다.

1. 실증연구의 목적과 범위

여기에서는 공생적 상호 의존관계를 중시하는 관계마케팅 관점에서 접근하여 어떠한 관계특성요소들이 최종적으로 가맹점 성과에 긍정적으로 영향을 미치는 신뢰 및 몰입에 영향을 미치는가를 실증적 분석을 통해 파악하는 것을 목적으로 하고자 한다. 공존의 인식 아래 관계마케팅적 관점의 실행이 프랜차이즈 시스템 운영상 얼마나 중요한가와 어떤 요인들이 실제의 프랜차이즈 관계 질을 결정하는가를 설명하고자 하는 것이다. 관계특성요소를 관리 수단으로 할 경우의 전략적 시사점을 얻을 수 있을 것이다.

세부적인 실증연구목적으로는 첫째, 프랜차이즈 시스템의 관리 행태적 차원의 관계특성을 결정짓는 경쟁 환경, 프랜차이즈 시스템 운영상의 비용효율성, 식자재 공급수준, 가맹점 선정의 엄격성, 그리고 가맹점 교육·지도수준 등의 프랜차이즈 시스템의 환경 및 운영구조적 특성을 파악한다. 둘째, 프랜차이즈 시스템의 관계특성을 크게 상호 관계유지상 필요한 관계규범 요소와 가맹점 관리통제의 전제조건 또는 수단으로서 활용되는 상호 의존성으로 나누어 프랜차이즈 시스템의 운영 환경적 특성, 다시 말해 경쟁 환경 및 운영구조 특성이 이들 관계특성에 미치는 영향력을 살펴본다. 셋째, 관계규범과 상호 의존성이 신뢰와 관계몰입에 어떻게 작용을 하는가를 알아본다.

본고의 실증연구 부분은 프랜차이즈 가맹관계상의 신뢰성과 관계몰입이 프랜차이즈 시스템의 성과에 직접적으로 작용한다고 보고 이들 관계 질에 영향을 미치는 여러 관계특성요인들 중에서 가맹점 관리 차원에서 어떤 요인들이 영향력을 가지는가에 대해 인과적 관계성을 살펴본다. 기본적으로 프랜차이즈 사업성과에 대해 관계마케팅 관점의 접근방식을 이용하고자 하는 것이다.

우선 연구과제와 관련한 변수 특성을 파악하기 위해 기존문헌 연구를 고찰한다. 프랜차이즈 시스템 성과의 선행변수로서 제시될 수 있는 특성요소들에 대해 살펴본다. 특히 관계마케팅적 차원에서 프랜차이즈 시스템의 관계관리상 어떤 관계특성요소들이 제시될 수 있는지 설명하고자 한다.

실증연구의 조사대상으로는 우리나라의 외식업 분야의 프랜차이즈 가맹점포를 임의로 선정하였으며 직접방문을 통한 면담 설문조사를 실시하여 자료수집을 하였다.

이들 외식업 분야의 프랜차이즈 시스템은 원재료 / 식자재 공급관계와 마케팅 지원 등으로 상호 협력체제 또는 관계마케팅 체계를 형성하고 있다. 가맹본부와 가맹점 간의 관계형성과 관리에 초점을 두고 이들 관계특성변수를 매개변수로 취급하여 선행변수와 이들 매개변수의 영향력을 파악하고자 한다. 선행변수들 중 일부는 조절변수로서 역할하게 된다.

본고의 실증연구에서는 먼저 주요 연구대상변수에 대한 문헌연구와 탐색적 연구를 실시함과 아울러 연구모형을 제시하고, 가설을 설정하여

실증분석을 한다. 이는 연구과제의 변수 간의 인과적 관계를 살펴보고
자 하는 것이며 연구모형에 대한 검증은 통계적 분석방법을 통해 이루
어진다. 자료의 신뢰성을 비롯하여 연구과제의 특성요인들의 타당성 확
인을 한 후 변수 간의 상호 관계성을 알아보기 위해 LISREL 분석을
실시한다. 분석에 이용되는 자료는 우리나라 외식업분야에서 가맹점을
운영하고 있는 가맹점포들로부터 얻어진 설문지 내용들이다.

2. 프랜차이즈 시스템의 관계적 성과에 영향을 미치는 선행요인

1) 경쟁 환경

기업 간 관계를 다룬 많은 연구들은 구매자 - 판매자와 같은 기업 간
관계의 성과는 기본적으로 기업 환경과 참여기업의 조직구조, 기술수
준, 자원유용성 등과 같은 기업의 구조적 요인에 영향을 받는다고 설명
하고 있다(Wilson, 1995).

프랜차이즈 시스템도 마찬가지로 볼 수 있다. 거래교환이 이루어지는
사회적 구조와 사회 규범적 특성에 따라 관리형태가 결정된다는 Baron
과 Hannan(1994)의 지적처럼 프랜차이즈 기업을 둘러싸고 있는 복잡한
기업 환경 조건에 적응하고자 하는 노력이 프랜차이즈 시스템의 형성
배경 또는 동기로서 작용하게 되며 기업 나름대로의 프랜차이즈 시스
템 운영구조적 특성으로 나타나게 된다.

외부환경의 특성으로서 기업 간의 관계구조 및 성과에 영향을 미치

는 것은 환경의 가변성(volatility)과 다변성(diversity)으로 나타난다(Klein, Frazier와 Roth, 1990). 환경의 가변성은 거래상황의 급속한 변화로 인한 불확실성을 말하며 다양성은 이질적인 다양한 원천에 기인한 불확실성으로 수많은 고객, 경쟁자에 대한 정보획득 및 처리상의 어려움을 겪게 되는 원인이 된다(Leblebici and Salancik, 1981; Aldrich, 1979). 가맹점들을 대상으로 분석한 기존문헌에서 유사업종의 경쟁과 가맹 상호간의 경쟁수준이 연구변수로서 다수 이용된 바 있다(Ghosh와 Craig, 1991; Hubber, 1995). 프랜차이즈 기업에서는 실제 경영상 가장 크게 작용하는 것은 경쟁도(Hough, 1988)라고 볼 수 있다. 프랜차이즈 시스템의 형성 자체가 규모 및 범위의 경제 확보를 통해 외부 경쟁에의 대응력을 얻기 위함이기 때문이다(Khan, 1982). 따라서 본 논문에서는 기존문헌고찰로부터 프랜차이즈 시스템의 형성관계상 중요하게 작용하는 것으로 나타난 외부 경쟁도를 연구대상의 구성개념으로 삼아 분석해 본다.

2) 프랜차이즈 시스템의 운영구조

(1) 비용효율성

프랜차이즈 사업을 하게 된 동기는 치열한 경쟁, 기술수준 등의 변화 및 복잡화 등의 외적 요인이 작용하는 상황 속에서 부족한 자원을 보유한 기업의 입장에서 자원 확보와 가맹본사와 가맹점 상호간의 운영비용절감을 위한 것이라 볼 수 있다.

가맹본사 차원에서의 프랜차이즈 시스템의 형성동기 내지 배경은 기존문헌 연구에서 보았듯이 가맹점 자원을 활용하는 차원의 자원의존 이론(Oxenfelt-Kelly, 1968-69; Ozanne과 Hunt, 1971), 가맹점주의 사업경험과 능력을 활용하여 관리비용을 절감하는 차원의 대리이론(Shanne, 1997; Lafontaine, 1992), 가맹점과의 각종 물품 등의 거래비용을 절감하는 차원의 거래비용이론(Dahlstrom과 Nygaard, 1998; Lafontaine과 Kaufmann, 1994; Williamson, 1985), 그리고 현지 시장에 밝은 가맹점주를 선정하여 사업 확장·유지에 필요한 현지 시장정보에 대한 탐색비용의 절감을 위해서라는 탐색비용이론(Minkler, 1992; Bradach, 1998) 등 네 가지로 정리될 수 있다. 이러한 이론의 설명은 프랜차이즈 형성의 주요 동기의 주된 목적을 말하는 것이지 어느 목적·동기였든 간에 가맹점들을 통한 로열티, 가맹비, 상품판매수입 등의 매출 증대를 겨냥함은 물론이다.

상기의 프랜차이즈 형성 근거에 대한 설명이론은 자원부족이 주된 원인이 되어 자원의존 차원에서 창업초기의 프랜차이즈 본사가 성장에 필요한 자원 확보 차원에서 활용하게 된다는 자원의존 이론적 설명(Hoffman과 Preble, 1991; Oxenfelt-Kelly, 1968-69)과 자원부족과 관계없는 비용절감적 차원(Lafontaine과 Kaufmann, 1994; Norton, 1988)을 설명하는 대리이론, 거래비용이론, 탐색비용이론으로 구분해 볼 수 있다. 가맹점 입장에서도 가맹본사가 가지고 있는 브랜드 이미지, 기술 노하우, 음식 메뉴 아이디어, 시장정보 등의 자원 접근이 가능하고 공동구매, 공동마케팅 실행으로 운영비용의 절감이 가능하기 때문에 가맹본사와 같은 목적으로 자원의존 또는 확보 차원과 비용절감 추구 차원으로 프랜차이즈 시스템을 활용하는 것으로 볼 수 있다. 이같이 2가지로 정리 구분하는 이유는 자원부족 상황 속에서 단기적으로 프랜차이즈를 활용하고자 하는 자원할당 이론적 입장과 비용절감차원의 다른 이론들의 입장이 달라 프랜차이즈 관계상의 지속적인 상호 협력을 유지하려는 노력 정도가 달라지고 이에 따라 사업성과에도 영향을 다르게 미칠 것이라 볼 수 있기 때문이다. 즉 비용효율성을 추구하는 목적이 강할수록 장기적 상호 협력관계를 강조할 것으로 예측할 수 있다(Hopkinson과 Hogarth-Scott, 1999).

이론적 근거를 가진 이 같은 프랜차이즈 시스템 형성 및 참여 동기와 관련하여 본 연구에서는 프랜차이즈 시스템상의 지속적 관계관리와 직접적으로 관련되는 비용절감차원 즉 비용효율성 수준을 연구 개념으로 하여 분석대상으로 삼고자 한다.

(2) 상품공급관계

프랜차이즈 본사는 가맹사업을 운영하는 조직적 형태 및 관계형성의 체계 즉 나름대로의 운영구조를 가지고 있다. 가맹점에의 상품공급관계 여하는 특히 외식업 가맹시스템에서 중요한 운영구조의 특성요소라고 할 수 있다(Khan, 1992).

상품공급관계 및 공급수준은 가맹본사가 가맹점들에게 가맹점들이 필요로 하는 상품, 식자재 등을 공급하는 형태와 수준을 말한다. 가맹점들 입장에서는 본사의 특유한 재료나 우수한 상품 등을 저렴하게 지속적인 관계로 조달받는 것은 안정적인 사업운영의 기반이 된다. 다양한 구색과 지속적인 상품공급은 가맹점 성과와 상호 협력적인 관계를 유지하는 데에 중요한 요소가 되는 것이다(Khan, 1992; Lewis와 Lambert, 1991). 실제로 안정된 상품공급과 물류지원이 가맹점 만족에 영향을 미치는 요소가 되고 있다(신창훈·김철민·김율성, 1999). 본사 입장에서 직접 제공하는 식자재와 완제품 관리를 통해 전체 가맹점들의 동일한 음식 맛과 수준을 유지하여야 기대하는 고객만족을 얻을 수 있으며 가맹점 입장에서도 본사의 일정 품질 이상의 식자재를 저렴하게 안정 공급받는 측면에서 본사와 만족스러운 협력관계 여하를 평가할 수 있을 것이다. 본 연구에서는 외식업 프랜차이즈 사업을 대상하므로 주로 식자재 공급관계를 말하는 바 가맹본사와 가맹점 간의 상호 협력관계에 커다란 영향요인이 되는 가맹본사의 상품공급수준을 중요한 연구 개념으로 선별하는 것이다.

(3) 가맹점 선정의 엄격성

동태적 환경 속에서 프랜차이즈 본사가 나름대로의 목표를 가지고 가맹점 사업을 운영하는 데 중시하는 관리 요소 또는 수단을 프랜차이즈 본사 특성 또는 전략적 요인으로 구분해 볼 수 있다. 기존문헌고찰에서 이미 프랜차이즈 사업성과에 영향을 미치는 가맹본사의 전략 요소로 광고 및 홍보지원, 영업수단 지원, 교육훈련, 상권보호, 브랜드파워, 가맹점운영관리 기법, 자료 공개 등을 살펴보았다(Lewis와 Lambert, 1991; Doutt, 1984; Ozanne과 Hunt, 1971; Hing, 1995).

여러 가지 프랜차이즈 본사의 특성 또는 전략적 요인 중에서 가맹점 선정 시 얼마나 다양한 평가방법으로 평가하여 엄격하게 선별하는가를 나타내는 가맹점 선정의 엄격성 여하가 가맹점 관계관리 특성에 영향을 미치는 중요한 요소로 고려해 볼 수 있다. Hing(1995)는 가맹점 사업 만족에 가맹본사의 가맹점 선정평가방법의 다양성 요인이 유의적으로 영향을 미치고 있음을 실증연구한 바 있다. 가맹점과의 협력적 관계 형성은 가맹점 선정 이후 상호 협조가 될 만한 프랜차이즈 구성원 간에 가능해지고 가맹점 평가방법과 수준에 따라 잠재적인 가맹점주와의 관계관리 성과가 달라질 수 있기 때문에 가맹점 선정방법과 선정의 평가수준을 가름해 볼 수 있는 선정의 엄격성은 중요한 연구 개념이 된다고 하겠다.

(4) 가맹점 교육·지도

마케팅 문헌에서 이미 교육훈련은 기업성과, 조직관리능력, 경쟁력에 커다란 영향력을 미치는 것으로 분석하고 있다(Baker와 Sinkula, 1999; Morgan과 Hunt, 1996; Dickson, 1996). 실제 가맹점 만족에 크게 영향을 미치는 본사의 지원항목 중 가맹점 교육 및 지도는 가맹본사가 보유하고 있는 음식조리기술과 점포경영 관리방법 등의 가맹사업 노하우를 전해 주는 것을 말한다. 이는 예비가맹점주로 하여금 독립점이 아닌 가맹점을 하게끔 유인하는 요인이 되고 있다. 실제 실태조사에서도 가맹점 개점 시 91%의 본사가 가맹점 교육 및 지도를 실시하는 것으로 나타나 본사지원항목 중 가장 많이 이용되는 항목으로 파악되었다(이수동, 1999). 가맹본사가 가지고 있는 고유한 음식조리기술 또는 점포운영기법은 무엇보다도 가맹점들이 필요로 하는 사항이다. 가맹본사의 사업성공 비결을 배워 가맹점포에서 활용하여 가맹점 성공으로 이끌기 위한 목적이 있기 때문이다.

Lewis와 Lambert(1991)의 연구에서는 교육훈련이 가맹점 성과에 매우 큰 영향을 미치는 요인으로 분석하고 있다. 가맹점개업 전 충분한 교육지도와 개업 후의 지속적인 지도관리의 실시는 상호 만족스런 네트워크 관계의 유지와 발전을 위해 중요한 가맹본사의 운영구조적 특성요인이 될 수 있는 것이다.

이 같은 설명을 근거로 본 연구에서는 가맹본사의 가맹점 교육 및 지도를 연구 개념으로 삼고자 한다.

3. 연구모형과 가설

본 논문의 주된 연구는 관계마케팅 관점에서 프랜차이즈 시스템상의 가맹본사와 가맹점 간의 관계적 특성요인이 어떠한 외생변수로부터 영향을 받으며 관계의 질로 제시되는 신뢰와 관계몰입과 어떤 인과관계를 가지는가에 대해 실증분석을 통해 알아보는 것이다.

프랜차이즈 시스템의 가맹본사와 가맹점 간의 관계를 어떻게 관리하느냐에 따라 프랜차이즈 사업의 성과가 달라진다는 전제 아래 본 연구는 프랜차이즈 시스템에 대해 관계마케팅 관점의 접근방식을 제시하고 있다. 본 연구에서는 외부 경쟁수준 그리고 가맹본사의 프랜차이즈 시스템 운영과 관련하여 비용효율성 수준, 본사의 상품공급관계, 가맹점 선정의 엄격성, 가맹점들에 대한 교육·지도수준 등의 운영구조적 특성요인이 경영성과에 영향을 미치기에 앞서 프랜차이즈 본사의 관계관리 즉 가맹점 관리상의 관계규범 중시성과 통제파워의 근간이 되는 상호 의존성 수준을 결정한다고 본다. 그리고 이러한 관계규범 중시성과 상호 의존성에 따라 프랜차이즈 체계의 관계의 질이라 할 수 있는 신뢰수준과 현재의 계약관계에 만족하여 장기적 계약 유지 의도를 볼 수 있는 관계몰입수준이 달리 나타날 수 있다고 설정하고 있다.

그동안의 프랜차이즈 성과에 관한 연구는 대부분이 프랜차이즈 시스템을 유통경로 시스템의 하나로 보고 시장거래체계상의 가맹본사와 가맹점 간의 거래관계로 보아 프랜차이즈 시스템 성과에 미치는 가맹본사의 특성 내지 전략요인을 파악하는 수준이었다(Shane, 1998; Lewis와 Lambert, 1991; Hough, 1986). 이는 다른 마케팅 경로에 대한 연구와 마찬가지로 미시경제학적 접근방식 또는 유통경로 구성원 간의 행동주의적 분석입장에 의한 것들이었다고 볼 수 있다(홍성태, 1999; Stern과

Reve, 1980).

프랜차이즈 시스템 고유특성상 중요한 가맹점 관계관리상의 관계규범, 상호 의존성 등의 관계특성변수의 역할과 관계마케팅 관점이 중요함에도 불구하고 대부분의 가맹업체는 이의 활용을 소홀히 하고 있는 반면, 프랜차이즈 업계의 모범적 업체는 본사 입장에서 관계마케팅을 적극적으로 활용하고 있음을 볼 수 있다. 예컨대 220개의 가맹점을 보유하기까지 매년 20%이상의 성장을 해 오고 있는 '신포우리만두' 가맹본사는 주요 경영방침 중 하나로서 가맹점에 대한 철저한 지도관리를 실시하고 있다. 판촉영업팀 없이 가맹사업팀 담당직원 6명 중 4명이 연중 지속적인 가맹점 매장관리 및 조리지도를 실시하고 있다는 사실이다. 이 회사는 가맹사업의 성패는 가맹점들과 상호 협력관계에서 기초한 본사의 가맹점 관계관리에 달려 있다는 점을 잘 인식하고 있는 것이다(신포우리식품, 2000.9.22, 회사자료).

따라서 본 연구에서는 가맹점 관계관리상의 특성 개념을 관계마케팅 관점에서 제시한 다음, 우선 외생변수로서 관계관리 특성에 영향을 미칠 수 있는 주요 선행요인이 무엇이고 관계특성변수의 활용성과 즉 프랜차이즈 관계상의 신뢰와 관계몰입과의 인과관계를 연구가설로 설정하여 어느 정도의 영향력을 미치는가를 실증적으로 살펴본다.

본 연구에서는 아래 <그림 16>처럼 연구모형을 제시하고 있다. 우선 프랜차이즈 본사의 관계규범 특성과 통제의 근간과 수단으로서의 상호 의존성이 프랜차이즈 관계상의 상호 신뢰와 관계몰입수준의 영향요인으로 작용하기에 앞서 외부 경쟁상황과 프랜차이즈 시스템 운영상의 비용효율성, 상품공급관계, 그리고 가맹점 선정 엄격성과 교육·지도수준에 영향을 받는다고 가정하고 있다. 프랜차이즈 시스템에 있어서는 이들 요인이 관계관리 특성의 수준을 결정하는 중요한 독립변수로서 역할할 수 있기 때문이다(Hopkinson과 Hogarth-Scott, 1999; Wilson, 1995; Khan, 1992).

본 연구에서는 회사연혁, 회사규모, 가맹점 개설비용규모 등의 프랜차이즈 기업의 특성(demographics characteristics)은 논의의 초점이 아니므로 통제변수로 사용되었다.

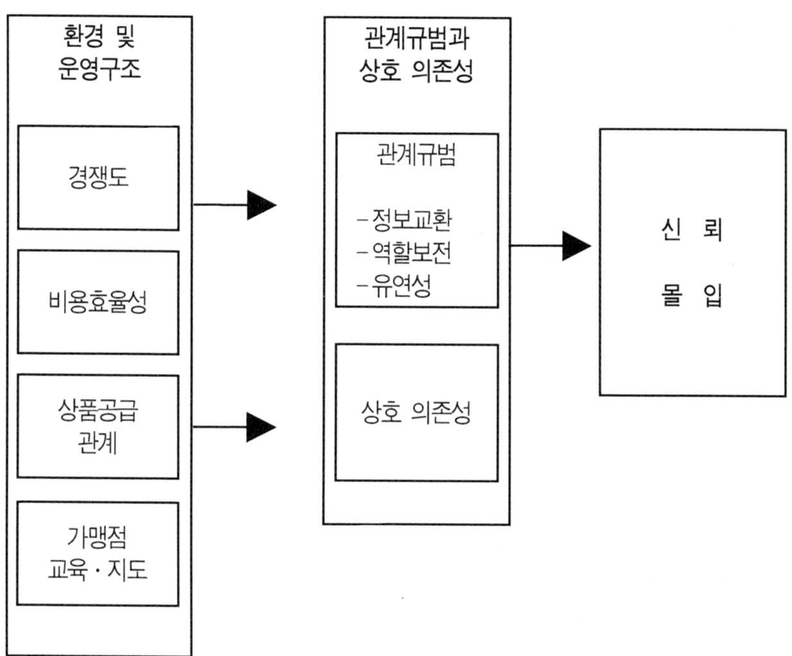

<그림 16 > **실증연구의 개념적 연구모형**

1) 경쟁도와 상호 의존성과의 관계

어느 산업 또는 기업과 마찬가지로 프랜차이즈 시스템 역시 실행환경의 경쟁정도에 따라 경영성과는 달라진다(Hough, 1988; Ghosh와 Craig, 1990). 또한 거래 대안 즉 거래 경쟁자 수가 기업 간의 관계형성에 영향을 미치기도 한다(Boyd, 1990; Walker와 Poppo, 1991; 김상현, 1997).

같은 조건이라면 외부 경쟁수준이 낮으면 기업성과는 커지고 거래 대안 유효성이 커지면 관계의 질이 낮아진다는 사실 등이다.

기업 외부환경 중 경쟁수준은 프랜차이즈 시스템의 사업 전반에 큰 영향을 미치고 있다. 예를 들면 롯데리아 같은 대형 외식업 가맹업체는 패스트푸드 업계에서 최고의 시장점유율을 차지하고 있지만 치열한 경쟁에 대응하기 위해 최근 가맹점의 관할 상권을 분할하여 다점포 가맹전략을 선택하는 등의 변화를 갖고 있는 것이다.

경쟁수준 변수는 프랜차이즈 관계상의 상호 의존성과 인과관계를 갖고 있는 것으로 설정할 수 있다. 동종업종의 경쟁여건에 따라 시장 확보 및 유지 차원에서 신규가맹점 확보에 대한 정책이 달라지고 가맹점 입장에서는 본사와의 결속력 수준이 달라진다고 볼 수 있다. 동종업종에서의 대안(경쟁업체 브랜드)이 많을수록 가맹점 영업성과가 달라지고 가맹점들은 다른 브랜드로 눈을 돌릴 수 있어 가맹점의 본사에의 의존수준은 달라질 수 있는 것이다. Ganesan(1994)은 외부 경쟁수준은 소매업자의 공급업자에의 의존수준을 낮추는 것으로 실증분석한 바 있다.

경쟁수준이 치열한 경우 본사 입장에서는 가맹점들의 이탈을 방지하기 위해, 다시 말해 의존관계를 유지하기 위해 가맹점 지원 차원의 추가적인 광고활동이나 신제품개발 활동을 적극 수행하려 할 것이다. 경쟁이 치열할 경우 가맹점들과 본사의 입장은 상반된 방향에서 상대방에 대한 의존성은 달라질 수 있다. 특히 다른 경쟁브랜드로의 전환이 가능한 가맹점 입장에서는 사업성과가 만족치 않을 경우 기존의 가맹본사에의 의존도는 낮아질 것이다.

따라서 다음과 같이 연구가설을 도출할 수 있다.

가설 1: 경쟁이 치열할수록 가맹점과 가맹본사 간의 상호 의존성 수준은 낮아진다.

2) 비용효율성과 가맹본사와 가맹점 간의 관계적 특성과의 관계

가맹본사 입장에서 프랜차이즈 시스템을 운영하는 목적이 가맹점 자원에 대한 의존 또는 확보 때문이라기보다 거래비용 등의 비용절감 목적이 크다면 개업지원으로 인한 일시적인 수입보다는 가맹점과의 지속적인 관계유지로부터의 비용절감과 함께 가맹점의 지속적인 판매수입에 따른 이득을 얻으려 할 것이다. 따라서 프랜차이즈 관계관리상의 특성 즉 정보교환, 역할보전, 유연성 등의 관계규범을 중시하고 상호 의존성을 견고히 하는 활동을 보일 것이다. 가맹점 입장에서도 마찬가지다. 가맹본사의 특유 자원에 대한 의존 또는 확보 때문이라기보다 공동구매, 공동마케팅 차원의 운영비용 등의 비용절감 목적이 크다면 이 같은 목적을 수행하는 본사와의 지속적인 관계유지로부터 이득을 얻을 것이다.

원래 가맹본사의 수입으로는 개업지원으로 인한 수입, 즉 신규가맹점을 개설하면서 가맹점주로부터의 가맹비, 보증금, 인테리어 시공비 등의 수입과 가맹점의 지속적인 판매수입에 따른 로열티 또는 상품판매수입 등을 말한다(유재은, 2000).

오늘날 프랜차이즈 관계와 같은 기업 간 관계효과는 거래비용 절약을 통한 경제적 효과로 나타나고 이를 통해 네트워크 시스템 경쟁구조하에서 새로운 경쟁력으로 나타난다고 볼 수 있다(박용환, 1997). 거래비용은 프랜차이즈 본사와 가맹점 간의 물품거래에서의 거래기준 통일화, 표준화와 대량 공동구매를 통한 물품 조달공급 비용의 절감으로 가능해지는 것이기 때문에 가맹점과의 원만한 관계유지가 필요한 것이다. 가맹을 통해 범위의 경제를 얻는 것이다(Dahlstrom과 Nygaard, 1999; Norton, 1988). 또한 관계관리를 잘하여 기회주의적 행동 여지를 없애 거래비용뿐만 아니라 대리비용, 즉 직영점을 운영할 경우 소요되는 비용을 절감할 수 있다. 거래비용과 대리비용절감을 위해서는 가맹본사와 가맹점과의 목적일치 즉 상호 협력을 통한 상호 이익 증진 목표가 공유되어야 하므로(Lafontaine과 Kaumann, 1994) 프랜차이즈 관계관리상 상호 의존성 지향과 상호간의 관계유지를 지켜나가기 위한 정보교환, 역할보전, 유연성의 관계규범의 중시 활동이 필요해지는 것이다.

탐색비용절감차원이라도 마찬가지이다. 가맹본사 입장에서 지속적으로 변화가 일어나는 지역정보가 중요하고 가맹점 지역이 지리적으로 멀어 가맹본사가 상대적으로 지역정보에 어두울수록 그리고 가맹점의 혁신능력의 활용이 귀중한 자산가치가 될수록 가맹점의 위치와 역할이 중요하기에 본사 입장에서는 프랜차이즈 네트워크 관계관리상 정보교환 활동 등의 관계규범을 중시하여야 할 것이다. 가맹점 입장에서도 가맹본사가 가지고 있는 시장정보, 음식메뉴 정보 등의 가치를 높게 인식할수록 상호 관계유지를 중시여길 것이다.

상호간의 비용절감의 차원 즉 비용효율성을 추구하는 관계에서는 가맹본사와 가맹점과의 안정적이고 지속적인 관계유지로부터 비용절감과 함께 본사의 상품판매수입에 따는 이득을 얻어야 하므로 일정한 가맹점 관리통제가 필요할 것으로 볼 수 있다. 맥도날드와 같은 대부분의 유명 외식 가맹본사업체들은 고객들에게 동일한 서비스와 상품 품질을 제공하기 위해 가맹점의 매장관리 여하를 관리 감독하고 있는 것이다(Vaughn, 1979). 프랜차이즈 관계관리상 통제파워를 확보하기 위한 상호 의존성에 대한 인식과 향상노력이 실행되어야 할 것이다. 상호 의존성 수준으로 프랜차이즈 관계의 통제의 효과성이 결정될 수 있기 때문이다. 가맹본사와 가맹점의 자발적 협력, 순응과 관리수준도 상호 의존성 정도의 인식에서 비롯된다. 이 같은 배경에서 프랜차이즈 시스템의 운영상 비용효율성 수준이 클수록 가맹점과 가맹본사의 상호 의존성 수준은 상대적으로 클 수 있다.

위 같은 근거와 설명으로 다음과 같이 연구가설을 세울 수 있겠다.

가설 2: 프랜차이즈 운영의 비용효율성 수준이 높으면 관계규범 중시수준이 높아진다.

가설 3: 프랜차이즈 운영의 비용효율성 수준이 높으면 상호 의존성 수준은 높아진다.

3) 프랜차이즈 운영구조와 프랜차이즈 관계특성과의 관계

프랜차이즈 시스템은 나름대로의 운영구조 특성을 가지고 있는바, 가맹점과의 관계에서 가장 중요한 요인으로 대두되는 것이 상품공급관계 여하라고 할 수 있다. 외식 가맹의 경우 가맹본사의 상품·식자재 공급 여하에 따라 실질적인 프랜차이즈 시스템의 성립과 유지가 가능하기 때문이다(Khan, 1992).

상품공급 의존관계는 가맹본사가 가맹점들에게 가맹점들이 필요로 하는 상품, 원부자재, 식자재들을 지속적으로 공급하는 관계를 말한다. 가맹점들 입장에서는 본사의 우수한 상품과 식자재 등을 저렴하게 지속적인 관계로 조달받는 것은 외식업 가맹점 사업운영의 기반이 되며 지속적인 상품의 조달 관계는 상호 협력적인 관계를 유지하는 데에는 매우 중요한 요소가 된다고 볼 수 있다(Yabas와 Habib, 1987; Vaughn, 1979). 본 연구에서는 외식업 프랜차이즈 사업을 대상하므로 주로 식자재 공급 관계를 말한다. 예컨대 본사에서 식품공장을 갖고 지속적인 안정적인 상품공급을 해 준다면 가맹점들과 본사의 상호 의존관계는 바람직한 관계로 유지될 수 있을 것이다. 가맹본사에서는 상품공급을 하게 된다면 상품공급 판매로부터 판매수입을 얻을 수 있기 때문에 판매 증대를 위해서 지속적으로 가맹점 관계관리에 남다른 노력을 기울이게 될 것이다. 따라서 본사의 상품공급관계 여부와 가맹점 관계는 밀접한 관계가 있는 것이다. 또한 식자재 등의 상품을 공급하기 때문에 고객에게 제공되는 최종 상품의 품질과 서비스 수준을 통제하기 위해서 전체 가맹점들의 매장관리에 대한 통제가 필요한바, 일정한 관리가 요구되는 것이다. 가맹점 통제관리를 위한 상호 의존성 수준을 높여야 하는 것이다.

또한 가맹본사가 가맹점 선정을 엄격히 하여 매장관리에 믿음이 가는 점주로 하여금 체계적으로 본사의 의도대로 운영케 한다면 가맹점주와 본사와의 상호 관계규범은 잘 지켜지게 될 것이다. Shane(1998), Hing(1995)의 연구에서 엄격한 평가방법을 통해 선정된 가맹점주의 사업가정신, 경영능력이 사업성과에 긍정적인 영향을 미치는 것으로 파악하고 있다. 프랜차이즈 가맹관계는 수직적 통제가 곤란한 상호 협력관계이기에(홍성태, 1999) 암묵적인 준수가 요구되는 관계규범 중시를 위해서도 가맹점 선정단계에서부터 엄격한 평가를 통해 선별을 해야 할 것이다.

이와 함께 가맹본사의 전략요인 중 가맹점 교육 및 지도관리는 가맹본사가 보유하고 있는 고유의 자산인 전문적 노하우와 능력을 가맹점들에게 전달하는 것으로 공동사업이라는 가맹시스템의 인식 아래 상호 이익 발생을 위해 필요로 하는 내용이다(Grosby, et al., 1990). 이는 우호적 프랜차이즈 관계유지 및 발전시키는 역할을 한다. 실태조사에서 보듯이 가맹본사의 지원항목 중 가장 많이 활용되는 요소이기도 하다(이수동, 1999). 가맹점에 대한 교육훈련과 사후지도를 통해 가맹본사와 가맹점 간의 관계는 증진될 수 있다. 교육·지도 기회를 통해 정보교환이 이루어지고 각자의 역할과 기능을 인식하게 되고 시장 환경에 대한 적응능력, 경영능력을 키우는 것이기 때문이다(Khan, 1992). 다시 말해 교육·지도를 통해 상호간의 관계규범의 중시수준을 높여 나갈 것이다.

또한 이 같은 가맹본사의 교육지도관리로 가맹점과 가맹본사 간의 상호 의존성은 높아갈 것이다. 가맹점이 가맹본사에 의존하는 것은 가맹본사만이 가지고 있는 상품 고유성(음식 조리기술 포함)과 기술성, 상품조달에의 접근성 때문이며 본사는 장기적 의존관계 즉 식자재 등의 판매와 로열티 수입을 염두에 두고 지속적인 교육·지도를 실시하기 때문이다. Lewis와 Lambert(1991)의 연구에서는 교육훈련이 가맹점 성과에 매우 큰 영향을 미치는 요인으로 분석하고 있다. 가맹점개업 전 충분한 교육지도와 개업 후의 지속적인 지도관리의 실시는 상호 만족스런 가맹관계의 유지와 발전을 위해 중요한 프랜차이즈 시스템의 운영구조적 특성요인이 되는 것이다.

위 같은 근거와 설명으로 다음과 같이 연구가설을 세울 수 있다.

가설 4: 가맹본사의 상품공급수준이 높으면 상호 의존성 수준이 높다.
가설 5: 가맹점 선정평가를 엄격히 할수록 관계규범 중시수준이 높다.
가설 6: 가맹점 교육 및 지도수준이 높을수록 관계규범 중시수준이 높다.
가설 7: 가맹점 교육 및 지도수준이 높을수록 상호 의존성 수준이 높다.

4) 관계규범과 상호 의존성과의 관계

본 연구에서는 프랜차이즈 관계관리 특성 중 관계규범과 상호 의존성 개념을 들고 있다.

상호 협력을 하는 프랜차이즈 관계의 형성과 원활한 관리를 위해 앞서 말한 정보교환, 역할보전, 유연성 등의 관계규범 중시가 무엇보다 필요하다.

Lusch와 Brown(1996)은 상호 쌍방적 의존관계에서는 결속성, 유연성, 정보교환 등의 관계적 규범수준이 높아진다고 분석하였다. 즉 상호 의존성이 관계규범에 영향을 미칠 수도 있으나 반대의 논리도 가능한 것이다. 정보교환 활동을 활발히 하게 되면 상호간의 믿음관계는 유지되며 장기적 관계를 지향하는 관계몰입에 영향을 주는 상호 의존성 수준은 높아질 것이다. 가맹본사의 경영자료 공개가 가맹점의 사업 만족에 긍정적인 영향을 미치거나 커뮤니케이션이 관계몰입에 영향을 준다는(Hing, 1995) 입장에서 볼 때 가맹점포 현장에서의 지도관리 수행과정에서 상호 솔직한 정보교환을 하게 되면 상호 관계에 긍정적인 영향을 미치는 것으로 볼 수 있다. 가맹본사와 가맹점 간, 그리고 가맹점들 간의 사업 진행 상황에 대한 정보교환은 공동의 발전을 도모할 목적에서 이루어지는 것이기 때문이다.

상호 거래관계에서 약속된 역할의 유지 상태를 말하는 역할보전(role integrity) 역시 마찬가지 논리로 가맹본사와 가맹점 간의 관계유지에 영향을 미칠 수 있다고 설정할 수 있다. 프랜차이즈 조직에서는 엄중한 통제규율에 의해 관리하기보다는 계약 당시에 정해진 각자의 역할과 의무에 충실함으로써 성공적인 관계 발전과 프랜차이즈 성과를 기대할 수 있는 것이다(Hopkinson과 Hogarth-Scott, 1999; Arndt, 1979). 가맹본사가 해야 할 관계 업무, 즉 가맹점 지도, 교육훈련, 영업지원 등의 활동을 제대로 수행할 때 전체 가맹점들 역시 스스로 규정된 활동을 수행하여 관계규범은 지켜지고 이를 통해 상호 의존관계는 견고해지고 상호 만족스런 사업성과는 얻어지는 것이라 할 수 있다. 또한 시장 환경의 변화에 따른 적절한 대응력을 발휘하는 가맹본사가 가맹점으로 하여금 유연한 점포관리를 허용한다면 가맹본사에의 의존관계는 만족스러운 것이 될 것이다.

따라서 위 같은 근거와 설명으로 다음과 같이 연구가설을 세울 수 있다.

가설 8: 가맹점과 가맹본사 간의 정보교환, 역할보전, 유연성 등의 관계규범 중시수준이 높을수록 상호 의존성 수준은 높아진다.

5) 관계규범과 상호 신뢰성 관계

본 연구에서 프랜차이즈 관계관리 특성으로 제시하고 있는 관계규범 중시는 상호 신뢰감 형성과 연관이 있을 것으로 볼 수 있다.

관계규범 요소 중 프랜차이즈 고유특성상 중요시되는 가맹점들과의 정보교환 활동, 역할보전, 그리고 유연성 중시 등의 세 가지 요소는 가맹본사가 가맹점과의 사업 목적을 공동으로 수행하기 위해 필연적으로 수행해야 관계관리활동들이다. 가맹본사가 이러한 활동을 함으로써 가맹점들은 프랜차이즈 가맹관계에 만족을 하며 상호 협력적인 관계가 유지될 수 있다고 앞서 설명한 바 있다. 따라서 가맹본사와 가맹점의 관계규범 중시는 곧 상호 신뢰감을 더욱 공고히 하고 지속적인 협력관계로 유지하겠다는 의도로 볼 수 있는 것이다.

정보교환과 역할보전, 유연성 등의 관계규범적 요소의 중시가 상호 신뢰감을 높인다는 연구는 관계마케팅 문헌에서 쉽게 찾아볼 수 있다(Hing, 1995; Morgan과 Hunt, 1994; Macneil, 1980)

이들 관계규범의 구성요소에 관한 관리 중시는 프랜차이즈 관계에서의 신뢰감 조성에 영향을 주며 이를 통해 구체적인 협력 행동을 기대할 수 있고 장기적 몰입관계로 연결될 것이다.

따라서 위 같은 근거와 설명으로 다음과 같이 연구가설을 세울 수 있다.

가설 9: 가맹점과 가맹본사 간의 정보교환, 역할보전, 유연성 등의 관계규범 중시수준이 높을수록 신뢰수준도 높아진다.

6) 상호 의존성과 신뢰와의 관계

프랜차이즈는 기본적으로 가맹시스템에 참여한 관계 구성원들의 상호 협력을 통해 프랜차이즈 시스템의 성공여부가 결정된다(Hopkinson과 Hogarth-Scott, 1999). 프랜차이즈 시스템은 그 특성상 상호 이익의 관계유지를 생명으로 하는 상호 의존관계의 협력체계이다. 상호 의존의 특성을 충분히 고려하여 상호 관계성 유지에 대한 관리 행태적 차원에서 프랜차이즈 본사와 가맹점 간의 관계를 효과적으로 잘 관리하는 것이 프랜차이즈 시스템의 성과에 결정적인 작용을 하는 것이다(Guitinan et al., 1980).

가맹관계유지를 위한 관계규범의 중시는 상호 신뢰수준을 높일 것이다. 상호 신뢰감 제고를 위한 노력은 프랜차이즈 시스템의 성공에 매우 중요한 요건이 된다(Ozanne & Hunt, 1971). 협력관계 구성원 간의 신뢰 또는 갈등 보유 정도에 따라 관계의 질은 달라지는 것이다(Hopkinson과 Hogarth- Scott, 1999).

프랜차이즈 시스템은 구매자-판매자와 같은 일반적인 관계형성 형태와는 달리 가맹본사가 만든 계약서와 일정한 관리지침에 따라 1개 기업처럼 운영되고 내부화된 형태를 갖는 측면이 있다(Hoffman과 Preble, 1991). 쌍방적 협력 또는 의존관계가 내부화된 측면을 갖는 것은 높은 상호 의존성이 내재되어 있음을 나타내는 것이다. 이러한 가맹본사와 가맹점과의 상호 의존성 수준은 프랜차이즈 시스템의 성공을 위한 구체적인 협력을 이끌어내는 상호 신뢰성을 결정하게 되는 것이다. 예를 들어 가맹본사와 가맹점의 상호 의존도가 크면 서로 간의 자원에의 접근을 가능케 하고 그로 인해 상호간의 능력과 이익분배에 대해 신뢰를 하게 되는 것이다. 협력관계의 거래파트너 간의 의존성이 크면 상호 신뢰를 형성시키는 기반이 된다는 설명이다(Bradach와 Eccles, 1989; Dyer와 Singh, 1997). Williamson(1993)은 상호 평등한 협력관계가 아닌 일방적 의존관계에서는 오히려 기회주의의 출현으로 신뢰형성이 곤란하다고 지적하고 있다. 프랜차이즈 시스템은 상호 협력을 전제로 하는 쌍방적 관계이므로 가맹본사와 가맹점 간의 상호 의존성 수준은 신뢰형성에 긍정적인 영향을 미친다고 볼 수 있는 것이다.

따라서 위 같은 근거와 설명으로 다음과 같이 연구가설을 세울 수 있다.

가설 10: 가맹점과 가맹본사 간의 상호 의존성 수준이 높을수록 신뢰수준이 높아진다.

7) 신뢰성과 관계몰입과의 관계

기존 유통경로 마케팅 문헌에서 신뢰의 영향은 관계몰입, 장기관계성 형성 등에 미치고(Dwyer, Schurr와 Oh, 1987; Morgan과 Hunt, 1994), 장기지향성(Ganesan, 1994)에도 그리고 현존 관계에의 유지의욕(Anderson과 Weitz, 1989)에 작용하는 것을 지적하고 있다.

Dwyer, Schurr와 Oh(1987)는 상호 의존성 수준 제고는 관계몰입의 수준을 반영하는 것이라 설명하고 있다. 서로 의존한다는 것은 상호 성과와 상호의 자원에 의존하게 된다는 것이다. Morgan과 Hunt(1994)가 신뢰형성으로 관계몰입이 가능하고 상호 관계의 몰입으로 구체적인 협력 행위가 실행된다고 설명하고 있듯이 일반적으로 관계마케팅 문헌에서는 신뢰와 몰입은 상호 연관된 것으로 보고 있다.

정보교환, 역할보전, 유연성으로 구성되는 관계규범 중시성은 가맹점 관계에서의 신뢰성 수준을 높이게 되고 이러한 신뢰성은 프랜차이즈 본사와 가맹점 간의 구체적인 상호 만족스런 관계유지로 이어지고 계약관계를 장기적으로 유지시키고자 하는 의욕, 다시 말해 프랜차이즈 관계의 관계몰입으로 연결되는 것이다. 그리고 가맹본사와 가맹점 간의 상호 의존성은 상호 관계의 신뢰성을 조성하고 상호 신뢰성은 장기적 계약관계의 유지를 의도하는 관계몰입에는 영향을 미치는 것으로 볼 수 있게 된다.

따라서 다음과 같은 연구가설을 도출할 수 있다.

가설 11: 가맹점과 가맹본사 간의 신뢰수준이 높을수록 관계몰입수준이 높아진다.

8) 통제변수

본 연구의 실증분석상 업종과 사업형태 즉 외식업종의 프랜차이즈 시스템 가맹점포로서 통제하고자 한다. 회사연혁, 회사규모, 가맹점 개설비용규모 등의 프랜차이즈 기업의 형태적 특성(demographics characteristics)도 통제변수로 활용해 볼 수가 있다. 회사연혁은 프랜차이즈 사업을 영위한 연도로 측정되는데 관계관리 역량에 의미 있는 변수가 될 수가 있고 자본금, 종업원 등으로 파악되는 회사규모 역시 관계관리능력과 실행 활동 수준에 영향을 미치는 요소이기 때문이다(Ritter, 1999). 가맹점 개설비용규모는 가맹점의 사업가정신을 유인할 수 있는 요소가 되므로(Shane, 1998) 가맹본사의 관계관리 여하에 관련을 가질 수 있다. 이들 변수는 측정치 수준을 일정 단계로 구분하여 통제할 수 있을 것이다.

설정된 가설에 의해 구성된 연구모형은 다음 <그림 17>과 같다.

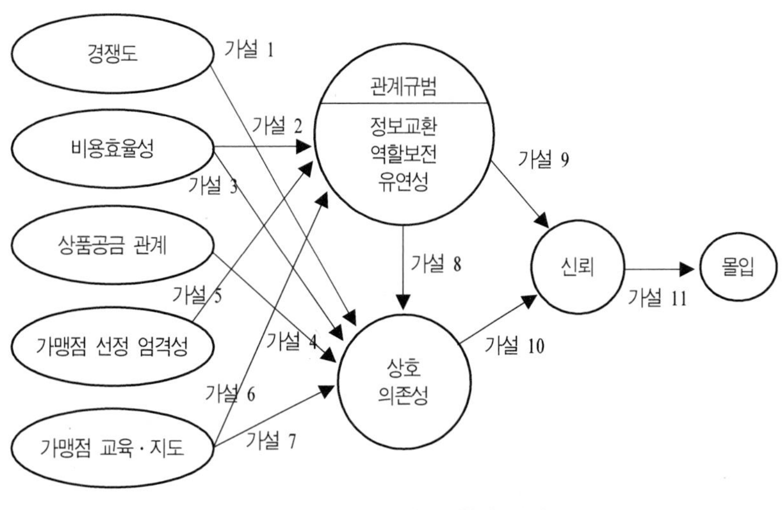

<그림 17> **제안 연구모형과 가설**

4. 자료수집 및 분석방법

연구가설을 검증하기 위하여 우리나라 외식업 분야에서 프랜차이즈 가맹점을 하고 있는 점포들을 대상으로 하였다. 외식업은 프랜차이즈 사업 중 가장 많은 비중을 차지하고 있는 업종으로서 그 특성이 가맹 본사의 노하우 전수, 식자재 공급, 공동마케팅 실행 등으로 가맹점과의 관계 협력이 창업단계부터 지속적으로 요구되는 업종이기에 프랜차이 즈 시스템의 관계적 특성요인이 어느 분야보다도 뚜렷하게 파악될 수 있는 분야로 자주 활용되고 있다(황의록, 김의근, 1999). 그리고 프랜차이즈 시스템 운영상의 관계적 특성은 실제적으로 가맹점을 통해 나타나기 때문에 가맹본사보다는 가맹점 대상의 분석이 적절하다고 할 수 있다.

자료수집은 외식업 가맹점포를 방문하여 점주와의 직접면접 설문조사를 통해 얻어졌다. 2000년 11월 17일부터 약 20일간에 걸쳐 이루어졌다. 가맹점 조사는 조사 편의상 청주, 대전, 충주, 원주지역과 서울지역의 외식업 점포를 대상으로 하여 283개가 회수되었으나 불성실한 7개 응답을 제외한 276개가 분석에 이용되었다. 본 논문에서 제시된 연구 개념의 측정을 위한 조작적 정의는 주로 가맹점 위주로 규정하였다.

본격적인 설문 실시에 앞서 연구분석대상 개념들의 타당성과 연구과제의 인과관계의 타당성에 대해 사전적으로 확인하기 위해 35개의 가맹점에 대한 사전 설문조사를 실시하여 모호한 개념과 질의 항목을 삭제 또는 수정 처리하였다.

분석방법으로는 각 개념 및 측정항목에 대한 요인분석과 신뢰도 분석을 SPSS / WIN8.0를 이용하여 실시한 후 LISREL8.3을 사용하여 타당성 검토와 설정된 구조방정식의 모델의 적합도와 경로분석을 실시하였다.

5. 변수의 조작적 정의 및 측정

실증분석을 위한 설문의 문항은 크게 4부로 구성되었으며 1부는 경쟁여건 및 프랜차이즈 전략특성, 2부는 관계관리 특성, 3부는 상호 신뢰성과 관계몰입을 측정하게 되어 있다. 마지막으로 4부는 응답업체의 일반현황 등의 인구통계학적 항목을 묻는 것으로 되어 있다. 1부에서 3부까지의 해당문항에 대해서는 7점 등간척도(7 point interval scale)를 이용하여 '전혀 그렇지 않다'에서부터 '매우 그렇다'까지 응답하게 하였다.

1) 환경 및 운영구조

(1) 경쟁도

환경의 다양성(diversity)으로 설명되는 외부 경쟁도 개념을 측정하는 바, 프랜차이즈 시스템 가맹점으로서 중요한 경쟁수준 또는 대안유효성으로 측정한다(Ganesan, 1994). 조작적 정의를 해당상권에서의 경쟁업체 수와 경쟁상품 수 측면에서의 상대적 경쟁강도로 규정하였다. 설문항목으로는 Ganesan(1994)의 측정방법에 근거하여 ① 해당상권에서 사업아이템과 관련한 전반적인 사업경쟁이 치열한가, ② 가맹업체 간 경쟁이 치열한가, ③ 경쟁되는 메뉴가 많은가 등 3개 문항으로 질의하였다.

(2) 비용효율성

프랜차이즈 시스템 운영상의 비용효율성 추구 개념에 대한 측정은 만일 직영점을 운영하게 되면 부담하게 될 점포관리비용의 절감 의도(Brickley와 Dark, 1987), 가맹점과의 물품거래로 본사와 가맹점 모두의 이익을 도모하려는 거래비용절감 의도(Dahlstrm과 Nygaard, 1999), 그리고 지방 현지의 가맹점을 활용하여 지역정보를 지속적으로 탐색하고자 하는 시장정보 탐색비용절감 의도 여하(Minkler, 1992)로 측정하였다. 설문항목으로는 이들의 연구를 근거로 ① 가맹점 입장에서 가맹본사는 인건비 절감을 위해 가맹점 개설을 선호하는 것으로 보는가, ② 가맹본사는 사업경험자를 가맹점주로 활용할 수 있어 가맹점 개설을 선호하는가, ③ 가맹본사는 가맹점 체제를 통해 상품·식자재 공급을 시장가격보다 저렴하게 하는가, ④ 가맹본사는 시장가격보다 저렴하게 공급해도 얻는 이점이 있는가, ⑤ 가맹본사는 제품개발 아이디어를 얻을 수 있어 가맹점 개설을 선호하는가, ⑥ 가맹본사는 현지 시장정보를 얻을 수 있어 가맹점 개설을 선호하는가 등의 6개 문항으로 질의하였다.

(3) 상품·식자재 공급관계

본사의 상품·식자재 공급관계는 가맹점이 가맹본사로부터 직접적으로 상품·식자재를 공급받는 수준으로 측정하였다. 가맹점들이 가맹본사로부터 상품·식자재를 조달받는 정도를 말한다. Lewis와 Lambert(1991), 신창훈·김철민·김율성(1999)의 연구의 측정방법을 참조하여 본 연구의 목적에 맞추어 설문항목으로는 ① 가맹본사로부터 필요한 상품·식자재를 대부분 공급받는가, ② 업종특성상 가맹본사로부터 상품·식자재 직접조달이 반드시 필요한가, ③ 다른 가맹본사보다 상품·식자재 공급비율이 높다고 생각하는가 등의 3개 문항으로 질의하였다.

(4) 가맹점 선정 엄격성

프랜차이즈 시스템 운영구조 특성 중 하나인 가맹점 선정의 엄격성은 가맹점을 선정할 때의 평가수준으로 조작적 정의를 하였다. 가맹점의 사업의욕과 기업가 정신을 점검해 보는 수단이 되기도 한다(Shane,

1997). Hing(1995)의 연구를 참조하여 가맹점 선정의 엄격성에 대한 설문항목으로는 ① 가맹점 신청건수에 대비 기각한 건수가 많은 편으로 알고 있는가, ② 선정평가기준표를 엄격하게 적용하는가, ③ 다른 가맹본사에 비해 선정기준이 까다로운가, ④ 다른 가맹본사에 비해 많은 선정평가항목이 있는가 등의 4개 문항으로 질의하였다.

(5) 가맹점 교육 및 지도

본사지원항목 중 가장 많이 이용되는 것으로 파악된 가맹본사의 가맹점 교육 및 지도는 중요한 가맹본사의 중요한 전략요인이 된다(이수동, 1999; 김근배, 1999). 가맹본사가 가지고 있는 고유한 음식조리기술 또는 점포운영기법은 무엇보다도 가맹점들이 필요로 하는 사항이다. 김종명·박명호(1994)의 측정방법을 이용하여 본 연구의 목적에 맞추어 설문항목으로는 ① 신규가맹점에게 음식조리기술을 충분히 교육하는가, ② 신규가맹점에게 매장관리에 대해 충분히 교육하는가, ③ 점포개업 이후에도 기술지도 및 매장관리에 대해 꾸준히 지도하는가 등의 3개 문항으로 질의하였다.

2) 관계규범과 상호 의존성

(1) 관계규범

관계관리 특성요소로 Achrol(1997)의 견해를 근거로 하여 관계규범(Macneil, 1980)과 상호 의존성(Lusch와 Brown, 1996; Pfeffer과 Salancik, 1978)으로 구성하였다. 관계규범 개념에 대한 측정은 Macneil (1980)의 연구를 근간으로 하고 Lusch와 Brown(1996), 전달영·강봉희(2000) 연구를 참고하여 다음의 세 가지 항목으로 구분하여 측정하였다.

첫째, 정보교환 활동 수준은 가맹본사가 가맹점 간의 실제적인 공식, 비공식 의사교환 통로 수와 가맹점과의 자료 공개성 즉 상호 경영활동 자료 공개 정도로 측정되었다(Hing, 1985). 설문항목으로는 Hing(1985), Lusch와 Brown(1996)의 연구에 근거하여 ① 가맹점 입장에서 비밀스런 경영정보를 잘 알아주는 편인가, ② 가맹본사와 다양한 접촉을 가지는가, ③ 상호 독점적인 경영정보를 공유하는가 ④ 정보교환은 여러 통로를 통해 이루어지는가 ⑤ 가맹본사는 비밀스런 경영정보를 잘 알려주는가 등의 5개 문항으로 측정하였다.

둘째, 프랜차이즈 관계에서의 역할보전은 계약 규정상 가맹본사와 가맹점 상호간의 업무수행 또는 독자적인 영역 및 역할에 대한 인식도와 실행수준으로 조작적 정의를 하였다. Kaufmann과 Stern(1988), Dant와 Schul(1992)의 역할보전 개념 연구와 측정방법을 참조하여 설문항목으로는 ① 가맹본사가 가맹점들에 지원할 활동이 많다고 보는가, ② 다른 가맹본사에 비해 가맹점 지원항목이 많은 편인가, ③ 가맹본사는 가맹점들이 요청한 사항의 대부분을 해결해 주는가, ④ 가맹본사는 개점 이후에도 지속적으로 가맹점 지원을 하는가, ⑤ 가맹점 입장에서 계약서 및 업무 규정이행을 잘하는가, ⑥ 서로의 역할을 잘 알고 있는가 등의 6개 문항으로 측정하였다.

셋째, 관리의 유연성은 본사와 가맹점의 관리지침 및 운영내용 조정 가능성으로 조작적 정의를 하여 측정하였다. Lusch와 Brown(1996)의 측정방법을 참조하여 본 연구의 목적에 맞추어 설문항목으로는 ① 상품·음식가격이 가맹점 사정에 따라 달라지는가, ② 상품·음식메뉴, 조리방법이 가맹점 사정에 따라 달라지는가, ③ 가맹점 점포운영이 관리매뉴얼에 따라 엄격히 실행되는가, ④ 관리매뉴얼은 시장변화에 따라 변경되는가, ⑤ 가맹본사는 새로운 의사결정 시 가맹점과 사전 협의를 하는가 등의 5개의 문항으로 측정하였다.

이들 관계규범 측정항목 3가지 요소들에 대해 본 연구에서는 프랜차이즈 시스템 고유의 내용으로 조작적 정의를 하여 사용한 것이다.

(2) 상호 의존성

파워 형성의 근간이 되는 상호 의존성은 가맹본사와 가맹점 간의 사업운영상의 의존도 인식수준으로 조작적 정의를 하였다. Ganesan(1994), Lusch와 Brown(1996), Dant와 Schul(1992)의 측정방법을 이용하여 측정항목을 ① 가맹점 사업을 가맹본사와 공동사업이라 생각하는가, ② 가맹점개업 이후에도 가맹본사에 의존하는가, ③ 가맹본사는 사업상 가맹점개업 이후에도 가맹점에 의존하는가, ④ 가맹본사와 가맹점 간에는 상호 의존한다고 생각하는가, ⑤ 가맹점들 간 서로 의존하고 있는가, ⑥ 매출달성을 위해 현재 가맹본사에 의존하는 것 이외 다른 대안이 없는가 등의 6개 질의로 실시하였다.

3) 신뢰와 관계몰입

가맹본사와 가맹점 간의 상호 신뢰성에 대한 측정은 한상린(1998), 오세조·박진용(1999)과 Ganesan(1994)의 연구에서 사용된 항목을 본 연구의 목적에 맞추어 4가지 측정항목 즉 ① 가맹본사의 전문적 사업능력을 신뢰하는가, ② 가맹본사 대표에 대해 인간적 믿음을 갖고 있는가, ③ 가맹본사가 전하는 사업정보를 신뢰하는가, ④ 가맹본사의 경영활동과 행위에 불만이 없는가, ⑤ 가맹본사는 물품거래 시 솔직한가,

⑥ 가맹본사의 약속은 믿을 수 있나, ⑦ 가맹본사는 가맹점들에 대해 믿음을 갖고 있다고 생각하는가, ⑧ 가맹본사는 가맹점과 거래 시 공평하게 이익을 분배하고 있는가 등의 8개 항목으로 질의하였다.

관계몰입 개념은 Anderson과 Weitz(1992)를 근간으로 하고 한상린(1998), Brown, Lusch와 Nicholson(1995)의 측정방법을 이용하여 본 연구에서는 가맹본사와 가맹점 간의 거래관계에 있어서 계약관계의 지속을 원하는 정도로 조작적 규정을 하여 측정항목으로 ① 현재의 가맹본사와의 가맹관계를 유지하고 싶은가, ② 앞으로도 가맹본사와 장기적으로 재계약체결을 하고 싶은가, ③ 현재 가맹본사와 우호적 관계를 지속하지 않을 시 큰 어려움이 예상되는가, ④ 현재 가맹관계를 청산하고 싶은가, ⑤ 다른 가맹브랜드로 바꾸고 싶은가 등의 5개 사항으로 질의하였다.

<표 11> 측정변수에 대한 조작적 정의와 측정항목

연구 개념	조작적 정의	측정항목
I. 환경 및 운영 구조		
1. 경쟁도	●현재상권에서의 동종분야(외식업 세부업종)에서의 경쟁업체 및 경쟁상품 수의 상대적 수준	●전반적 경쟁, 가맹업계 간 경쟁, 경쟁메뉴 등 3개
2. 비용효율성	●점포관리비용 즉, 인건비, 거래비용, 지역정보 탐색비용절감을 위한 가맹시스템 활용수준	●대리비용, 거래비용, 탐색비용절감차원의 가맹시스템 활용수준 등 6개
3. 상품공급관계	●상품·식자재를 가맹본사로부터 직접 공급받는 수준	●본사의 상품을 받는 수준 ●본사의 상품 필요성 ●업계 상대적 수준 등 3개
4. 가맹점 선정 엄격성	●가맹점을 선정할 때의 평가수준	●기각률, 평가 항목 수, 상대적 평가 엄격성 등 4개
5. 가맹점 교육 및 지도	●가맹본사의 예비가맹점에 대한 음식조리기술, 점포관리 및 사후지도 관리수준.	●신규가맹점 음식조리, 점포관리기법, 사후지도 등 3개

연구 개념	조작적 정의	측정항목
Ⅱ. 관계규범과 상호 의존성 1. 관계규범 ●정보교환	●가맹본사와 가맹점 간의 공식/비공식적 의사교환 통로 수, 본사의 자료 공개 및 공유 수준	●사업정보공개, 접촉기회, 공유, 통로 수 등 5개
●역할보전	●상호간의 규정 업무 인식도와 역할 실행수준	●지원활동 인식, 실제지원, 애로사항 해결 등 6개
●유연성	●본사와 가맹점의 관리지침 및 운영내용 조정 수준	●가격, 조리방법, 관리메뉴얼의 변경가능 등 5개
2. 상호 의존성	●가맹본사와 가맹점 간 공생사업 인식과 의존도 인식수준	●공동사업 인식, 의존관계 인식, 다른 대안 등 6개
Ⅲ. 관계의 질 1. 신뢰성	●가맹본사의 전문적 운영능력, 인간성, 정보, 이익분배에 대해 신뢰하는 수준	●본사의 운영능력, 인간적 믿음, 교환정보, 이익분배에 대한 신뢰 등 8개
2. 관계몰입	●현재의 가맹관계유지와 장기 계약 관계유지 의도	●현재, 장기적 관계유지 의도, 거래중단 시 어려움 인식 등 5개

6. 분석결과

1) 표본의 특성

분석에 사용된 표본은 가맹점 276개이다. 현재 외식업 분야에서 가맹점으로써 사업을 하고 있는 점포들로써 세부업종으로 보면, 치킨업이 70개(25.4%)로 가장 많고 분식 43개(15.6%), 주점 32개(11.6%), 패스트푸드 26개(9.4%)순으로 나타났다. 점포 연혁을 보면 창업한 지 2~3년

된 점포가 90개(32.6%), 1년 미만이 87개(31.5%), 평균 3.3년의 점포들로서 일반적인 소매점포들처럼 비교적 짧은 연혁을 가진 것을 알 수 있다. 표본 점포들의 평균 월간 매출액은 1,430만 원, 점포개설비용은 임대금을 제외하고 점포당 5,060만 원, 점포개설평수는 29.4평으로 나타났다. 표본의 대부분의 점포들이 본사로부터 상품·식자재를 공급받고 있으며, 필요한 품목의 68.6%를 조달받고 있었다.

실증분석상 통제변수로 이용된 것은 업종(외식업)과 사업형태(프랜차이즈 시스템 가맹점)이며 다른 형태적 특성변수(demographics characteristics)는 큰 영향력을 갖지 못해 분석 표본의 특성으로 취급되었다.

<표 12> 가맹점 표본의 특성

변 수	항 목	표본수(점포수) (n =276)	백분율(%), 평균치
세부업종 구분	한 식	51	18.5
	중 식	3	1.1
	일 식	2	.7
	양 식	1	.4
	치 킨	70	25.4
	분 식	43	15.6
	주 점	32	11.6
	제과점	26	9.4
	커피점	1	.4
	아이스크림점	6	2.2
	피자전문점	12	4.3
	패스트푸드	26	9.4
	기 타	3	1.1

변 수	항 목	표본수(점포수) (n =276)	백분율(%), 평균치
기업연혁	1년 미만	87	31.5
	2-3년	90	32.6
	4-5년	53	19.2
	5-10년	35	12.6
	10년 이상	9	3.4
	평 균	3.3년	
일반현황	월간 매출액	204개 점포 응답	평균 14.3백만 원
	개설비용	221개 점포 응답	평균 50.6백만 원
	개설평수	265개 점포 응답	평균 29.4평
	본사 식자재 활용	272개 점포 중 89.9%	
	본사로부터의 상품·식자재 조달비율	270개 점포 응답	평균 68.6%

2) 측정항목의 신뢰성과 타당성 검토

본 연구에서는 다수문항으로 측정한 항목들의 신뢰성과 타당성을 확인하기 위해 Gerbing and Anderson(1988)의 연구에서 제시된 측정항목 정제 절차를 사용하였다. 다수문항으로 측정한 항목에 대하여 탐색적 요인분석과 Cronbach's α에 의한 신뢰도 분석을 실시하고, 타당성을 알아보기 위하여 외생변수에 대한 X-모델, 내생변수에 대한 Y-모델, 그리고 전체 연구 개념에 대한 확인요인분석과 상관관계 분석을 실시하였다.

(1) 신뢰성 검토

신뢰도 분석을 위하여 측정항목들에 대하여 배리맥스(varimax)방법에 의한 탐색적 요인분석과 Cronbach's α를 계산하였다. 요인추출방법으로는 표본의 분산을 가장 많이 설명해 주는 주성분 분석(principal component analysis)을 사용하였다. 요인분석의 결과평가는 요인 적재값 .5 이상, 아이겐값 1.0 이상 기준(Bagozzi and Yi, 1988)으로 하였고, α계수는 .60 이상이면 신뢰도가 있다고 보는 Nunnally(1978)의 견해와 우리나라 마케팅 문헌의 평균인 .7685이상의 기준(이학식과 김영, 1997)을 참고하여 신뢰성을 저하시키는 항목을 제외하는 방법을 사용하였다.

가맹점들을 대상으로 분석결과, '환경 및 운영구조' 특성요인으로 5가지 차원의 측정변수를 얻을 수 있었고 '관계규범'과 '상호 의존성' 특성요인으로 각각의 측정변수를 도출할 수 있었다. 도출된 측정항목들의 α계수는 0.65-0.89로 가설검정에 충분한 신뢰성을 갖는 것으로 평가된다(Nunnally, 1978).

<표 13> 측정변수들에 대한 탐색 요인분석과 신뢰도 분석결과

개념 / 문항			요인분석결과		Cronbach's α
			적재값	아이겐 값	
환경 및 운영구조	경쟁도	CPT1 CPT2	.914 .913	1.264	.8117
	비용효율성	CEF1 CEF2 CEF3 CEF4	.709 .655 .800 .801	1.574	.7375
	상품공급관계	MSP1 MSP2 MSP3	.750 .751 .786	1.452	.6851
	선정 엄격성	STS1 STS2 STS3 STS4	.791 .806 .834 .787	4.636	.8624
	교육 · 지도	EDU1 EDU2 EDU3	.848 .880 .821	2.359	.8936

개념 / 문항			요인분석결과		Cronbach's α
			적재값	아이겐 값	
관계규범과 상호 의존성	관계규범	<정보교환> INF1 INF2 INF3	.868 .776 .818	2.885	.8625
		<역할보전> ROL1 ROL2	.690 .632	1.484	.7343
		<유연성> FLX1 FLX2	.867 .838	1.081	.6520
관계규범과 상호 의존성	상호 의존성	IND1 IND2	.781 .720	1.477	.6906
관계 질	신 뢰	TRS1 TRS2 TRS3 TRS4	.798 .837 .792 .838	5.395	.8913
	관계몰입	RCM1 RCM2	.751 .894	1.086	.7089

(2) 타당성 검토

측정변수들의 집중타당성(convergent validity)과 판별타당성(discri-minant)을 검증하였다. 먼저 집중타당성 검토차원에서 확증요인분석을 실시하였다. 신뢰성이 검증된 측정항목에 대해 단일차원성 검증과 설정된 연구모델에의 적합한 측정항목을 찾기 위해 연구에 포함된 모든 연구단위 즉 구성개념들에 대해 확증요인분석(confirmatory factor analysis; CFA)을 실시하였다. LISREL 프로그램의 최우추정(maximum likelihood estimation) 방법을 이용하였다. 확증적 요인분석 모형의 적합도 평가기준은 χ^2(작을수록 바람직함), χ^2에 대한 p값(≥.05), GFI(Goodness of Fit Index: ≥.90), AGFI(Adjusted Goodness of Fit Index: ≥.90), NFI(Normed

Fit Index: ≥.90), NNFI(Non-Normed Fit Index: ≥.90), CFI(Comparative Normed Fit Index:≥.90) 등을 이용하였다.

4개 이상의 측정문항으로 된 측정변수 즉 비용효율성, 선정 엄격성, 신뢰 등에 대한 단일차원성 검증은 각각의 확증요인분석결과, 상기의 적합도 평가기준에 충족하였다.

전체 구성개념에 대한 확증요인분석을 하기에 앞서 외생변수에 대한 X-모델과 내생변수에 대한 Y-모델에 대한 확증요인분석을 실시하여 집중타당성을 확인하였다. <표 14>에서 보듯이 우선 외생변수에 대한 X-모델에 대해 수정지수가 높은 항목을 제거하기 위해 5개의 변수들의 측정항목 모두를 동시에 고려하여 확증요인분석을 한 결과, 비용효율성을 구성하는 측정항목 2개가 제거되었다. 이들 5개 구성개념에 대한 확증요인분석에 대한 적합도 지수는 <표 14>에서 보는 바와 같이 적합도 평가기준을 대체로 충족시켰다. 다음으로 내생변수 Y-모델에 대해 수정지수가 높은 항목을 제거하기 위해 4개의 변수들의 측정항목 모두를 동시에 고려하여 확증요인분석을 한 결과, 관계규범 개념에서 1개(유연성)와 상호 신뢰 개념을 구성하는 측정항목 2개가 제거되었다. 이들 4개 구성개념에 대한 확증요인분석에 대한 적합도 지수는 <표 15>에서 보는 바와 같이 적합도 평가기준을 대체로 충족시켰다.

한편 이들 나머지 항목들을 이용한 전체 구성개념에 대한 확증요인분석결과, χ^2=225.90(d.f=173, p=.0007), GFI=.93, AGFI=.90, NFI=.92, NNFI=.97, CFI=.98로 나타나 적합도 평가기준을 대체로 잘 만족시킨다고 간주된다. 또한 항목들의 표준요인 부하량(standardized factor loadings)도 모두 유의적으로 나타나(t>4.02) 집중타당성이 있는 것으로 분석되었다(<표 16> 참조).

<표 14> X - 모델에 대한 확증요인분석

구성개념	요인 부하량	t값	표준 부하량	측정오차
경쟁도(ξ_1)	1.45	5.15	.84	.28
	1.58	5.14	.82	.31
비용효율성 추구 (ξ_2)	1.37	6.6	.73	.21
	1.43	6.76	.80	.21
상품공급관계 (ξ_3)	1.11	9.20	.62	.12
	1.37	10.26	.69	.13
	1.30	9.54	.64	.14
선정 엄격성 (ξ_4)	1.40	11.84	.66	.12
	1.75	15.91	.82	.11
	1.69	16.57	.85	.10
	1.55	15.20	.80	.10
교육지도 (ξ_5)	1.68	17.01	.85	.10
	1.82	19.43	.93	.09
	1.64	15.70	.81	.10

모든 t값은 P<0.05에서 유의하게 요인 적재되었음.

χ^2=75.35, df=67, P값=0.23, RMSEA=0.021, GFI=0.96, AGFI=0.94, NFI=0.95, NNFI=0.99, CFI=0.99

<표 15> Y - 모델에 대한 확증요인분석

구성개념	요인 부하량	t 값	표준 부하량	측정오차
관계규범 (η_1)	1.77	3.79	.98	.47
	.83	3.41	.42	.25
상호 의존성 (η_2)	1.66	8.25	.96	.20
	1.37	7.49	.72	.18
신 뢰 (η_3)	1.39	9.78	.68	.14
	1.18	8.53	.57	.14
몰 입 (η_5)	1.38	11.57	.74	.12
	1.42	12.20	.79	.12

모든 t값은 P<0.05에서 유의하게 요인 적재되었음.

χ^2=18.68, df=14, P값=0.18, RMSEA=0.035, GFI=0.98, AGFI=0.96, NFI=0.96, NNFI=0.98, CFI=0.99

<표 16> 전체 구성개념에 대한 확증요인분석결과

구성개념	표준 부하량	t값	측정오차	구성개념 신뢰도	분산추출
경쟁도 (ξ_1)	1.00 0.68	9.01 7.79	– .54	.84	.73
비용효율성 (ξ_2)	.74 .53	10.47 8.10	.45 .72	.58	.42
상품공급관계 (ξ_3)	.74 .77 .27	12.05 12.38 4.02	.45 .41 .93	.64	.40
선정 엄격성 (ξ_4)	.39 .30 .67 .84	6.27 4.73 11.80 15.74	.85 .91 .55 .30	.65	.35
교육지도 (ξ_5)	.79 .77 .64	15.05 14.58 11.23	.38 .41 .59	.78	.54
관계규범 (ξ_6)	.86 .87	16.21 16.61	.26 .24	.86	.75
구성개념	표준 부하량	t값	측정오차	구성개념 신뢰도	분산추출
상호 의존성 (ξ_7)	.86 .88	16.52 16.99	.26 .23	.86	.76
신 뢰 (ξ_8)	.85 .62	10.59 8.65	.28 .62	.70	.55
몰 입 (ξ_9)	.85 .87	16.45 17.06	.28 .24	.85	.74

* 모든 t값은 P<0.05에서 유의하게 요인 적재되었음을 나타냄.

$\chi^2 = 225.90$, df=173, P값=0.0007, RMSEA=0.033, GFI=0.93, AGFI=0.90, NFI=0.92, NNFI=0.97, CFI=0.98

** 구성개념 신뢰도＝(표준 부하량의 합)^2／｛(표준 부하량의 합)^2＋측정오차의 합｝.

*** 분산추출값 ＝ 표준 부하량 제곱의 합／(표준 부하량 제곱의 합＋측정오차의 합)

그리고 판별타당성을 알아보기 위해 구성개념 간 상관관계행렬(φ matrix)을 검토하였다(Anderson and Gerbing, 1988). <표 17>의 상관관계표에서 보는 바와 같이 표준오차를 두 배하여 변수 간 상관관계와 합한 결과변수 간 관계 모두에서 상관관계가 .95를 초과하지 않아 (경쟁도 변수는 상관계수의 신뢰수준이 낮음) 구성개념 간 판별타당성이 있는 것으로 분석된다.

척도들이 각 개념에 대한 대표성을 갖는지를 평가하기 위하여 연구단위 신뢰도(construct reliability)와 분산추출값(variance extracted)을 확인하였다. <표 16>에 나타난 바와 같이 선정 엄격성 측정치에서 분산추출값이 기준치(Hair et al., 1995)보다 다소 낮은 것을 제외하면 모두 기준치보다 높아 질문항목들이 해당 연구단위에 대한 대표성을 갖는 것으로 보인다.

<표 17> 구성개념들 간의 상관관계행렬

	경쟁도 (ξ_1)	비용효율성추구 (ξ_2)	상품·식자재 공급관계 (ξ_3)	선정 엄격성 (ξ_4)	교육지도 (ξ_5)	관계규범 (ξ_6)	상호 의존성 (ξ_7)	신뢰 (ξ_8)	몰입 (ξ_9)
경쟁도(ξ_1)	1.00								
비용효율성 추구(ξ_2)	.06 (.05)	1.00							
상품·식자재 공급관계 (ξ_3)	.10 (.06)	.27[**] (.08)	1.00						
선정 엄격성 (ξ_4)	.08 (.05)	.18[*] (.07)	.40[**] (.07)	1.00					
교육지도 (ξ_5)	.05 (.05)	.13 (.07)	.39[**] (.07)	.60[**] (.05)	1.00				
관계규범 (ξ_6)	.08 (.06)	.11 (.08)	.54[**] (.07)	.22[**] (.07)	.33[**] (.07)	1.00			
상호 의존성 (ξ_7)	-0.03 (.05)	.11 (.07)	.48[**] (.07)	.50[**] (.06)	.61[**] (.05)	.48[**] (.06)	1.00		
신 뢰 (ξ_8)	.08 (.05)	-0.01 (.07)	.47[**] (.07)	.52[**] (.05)	.40[**] (.06)	.40[**] (.07)	.72[**] (.04)	1.00	
몰 입 (ξ_9)	.08 (.06)	.17[*] (.08)	.41[**] (.07)	.61[**] (.05)	.74[**] (.04)	.48[**] (.07)	.80 (.04)	.64[**] (.05)	1.00

*: p〈.05, **: p〈.01, () 안의 값은 표준오차값을 나타냄.

3) 연구가설검정 및 논의

본 연구가설에 따른 LISREL분석의 연구모형은 <그림 18>과 같다.

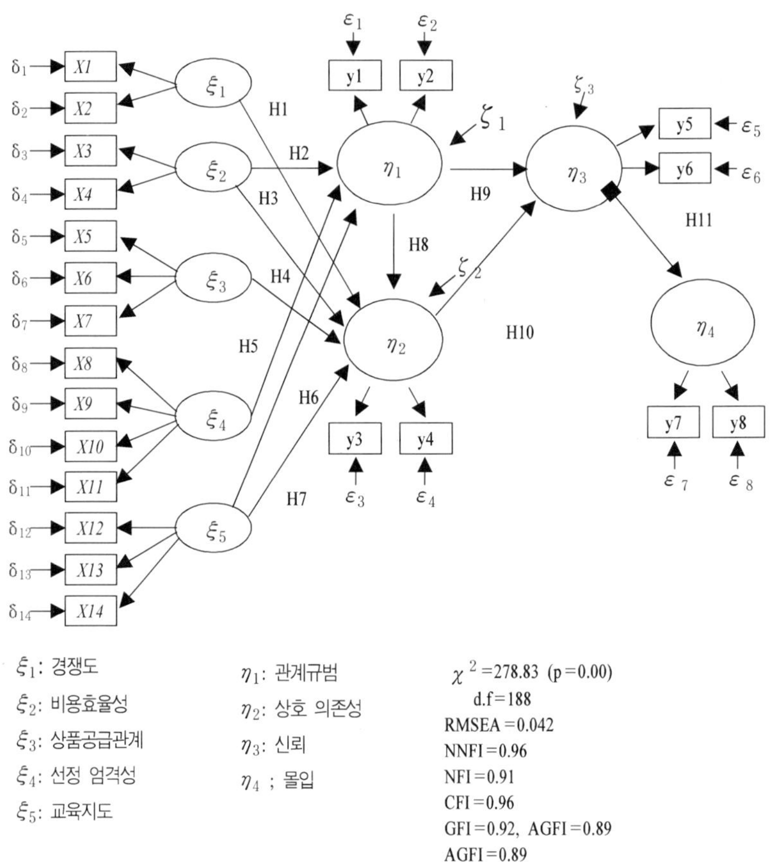

<그림 18> 구조방정식 모형

① 가설1의 검정

가설1은 '경쟁이 치열할수록 가맹점과 가맹본사 간의 상호 의존성 수준이 낮아진다'이다.

경로분석결과, 추정치 값이 .08, t값이 1.16으로 α＝0.05 수준에서 기각된다. 프랜차이즈 시스템의 경쟁도가 가맹본사와 가맹점 간의 상호 의존성과는 관련이 없는 것으로 나타났다. Ganesan(1994)의 연구에서는 소매상의 공급업자에의 의존도가 공급업자의 경쟁수준에 따라 떨어지는 것으로 분석되었는데 본 연구에서는 아주 미약한 (＋) 인과관계를 보였을 뿐이다. 통계분석에서는 가맹점들의 현재 상권에서의 전반적인 경쟁수준과 가맹업계 경쟁수준 등의 2개 항목이 사용되었다. 이 같은 결과를 통해 볼 때 가맹점들이 느끼는 경쟁도에 따라 김상현(1997)의 연구처럼 상호 관계의 질로 볼 수 있는 관계몰입 등이 달라질 수 있겠으나 파워 형성의 근간이 되는 상호 의존성 자체에는 직접적인 인과관계가 없는 것으로 추정할 수 있다. 우리나라 가맹점들의 사업경쟁도 인식은 본인들의 문제로만 간주할 뿐, 가맹본사와의 관계성까지는 연결짓지 않기 때문인 것으로 풀이된다. 다만 Ganesan(1994)이 조사한 전통적인 도소매 업계의 상호 의존성과 가맹업계의 그것과는 차이점이 있다는 점에서 유의할 결과라고 판단된다.

② 가설 2의 검증

가설 2는 '프랜차이즈 운영의 비용효율성 수준이 높을수록 관계규범 중시 수준이 높아진다'이다. 경로분석결과, 추정치가 .07, t값이 1.24로 α＝0.05 수준에서 기각된다. 측정항목 중에서 시장정보 탐색비용절감과 대리비용절감 항목이 신뢰성과 타당성 분석을 통해 LISREL분석에 이용되었다. 비용효율성 추구와 관계규범과의 인과관계가 없는 것으로 나타난 것은 가맹점들이 본사의 비용절감 운영에는 관심이 없이 개업 전 가맹을 하는 이유로서 공동구매 등의 운영비용의 절약 가능성을 판단하여 가맹체결을 하였을 뿐, 개업 이후에는 가맹본사나 가맹점 입장에서 이 같은 사항에 대해서는 인식도가 없기 때문으로 해석된다. 또한 현재의 우리나라의 가맹업계는 아직 일천한 역사상 개업지원을 통해 수익을 얻고자 하는 본사가 지속적인 노력이 필요한 비용절감차원에서의 관심을 상대적으로 소홀히 하였기 때문인 것으로도 분석할 수 있겠다.

③ 가설 3의 검증

가설 3은 '프랜차이즈 운영의 비용효율성 수준이 높을수록 상호 의존성 수준이 높다'이다. 분석결과 추정치가 -.06, t 값이 -.82로 $\alpha=0.05$ 수준에서 기각된다. 비용절감 즉, 인건비 등의 대리비용, 거래비용, 탐색비용절감차원의 프랜차이즈 시스템의 운영과 상호 의존성과는 연관이 없는 것으로 나타났다. 이는 가설 2의 결과처럼 프랜차이즈 시스템을 통해 운영비용을 절감해 보겠다는 목적이 아직은 프랜차이즈 시스템 구성원 간에 인식되어 있지 않기 때문인 것으로 해석할 수 있겠다. 가맹점들의 입장에서 볼 때 비용효율성 차원의 운영여부를 파악하기가 곤란한 점도 실증분석에서 유의하게 나타나지 않은 이유로 추정할 수 있다.

④ 가설 4의 검증

가설 4는 '가맹본사의 상품공급 수준이 높으면 상호 의존성 수준이 높다'이다.

경로분석에서 경로계수가 .46, t값이 5.24로 $\alpha=0.01$ 수준에서 채택된다. 가맹점 입장에서 본사로부터 상품·식자재를 공급받는 수준이 높으면 가맹본사와 가맹점 간 상호 의존성 수준이 높아진다고 해석된다. 해당 본사만이 공급할 수 있는 특유의 상품·식자재라든지 시장가격보다 저렴한 상품의 조달은 가맹점에게는 가맹본사에 크게 의존케 하는 요인이라 할 수 있는 것이다. 이는 본사의 원활한 물류지원 능력이나 상품공급 능력이 가맹점 성과에 영향을 미친다는 기존연구(Lewis와 Lambert, 1991;

신창훈·김철민·김율성, 1999)와 관련하여 보완적인 연구결과로서 상호 의존성 매개변수가 작용하는 것으로 이해할 수 있겠다.

⑤ 가설 5의 검증

가설 5는 '가맹점 선정평가가 엄격할수록 관계규범 중시수준이 높다'이다. 경로분석에서 경로계수가 .26, t값이 3.71로 α=0.01수준에서 채택된다. 가맹점 입장에서 엄격한 선정과정을 통해 참여하게 된 이후에 상호 역할보전과 정보교환차원에서 관계규범을 중시여기는 성향이 있는 것으로 해석할 수 있다. 이는 가맹점들이 엄격한 선정과정을 통해 참여하게 되면 Achrol (1997)이 언급하는 사회적 평판 파워 즉 가맹점 식구로서의 자긍심을 얻게 되는 것이어서 가맹본사와의 상호적 관계에서 사회적 관계규범을 중시여기는 것이라 볼 수 있겠다.

⑥ 가설 6의 검증

가설 6은 '가맹점 교육 및 지도수준이 높을수록 관계규범 중시수준이 높다'이다. 이 가설은 경로분석에서 경로계수가 .58, t값이 7.75로 α=0.01수준에서 채택된다. 가맹본사의 교육·지도수준 즉 예비가맹점주에게 충분한 음식조리기술과 점포운영기법, 그리고 사후 점포지도의 실시는 가맹점들에게 가맹본사와 가맹점 간의 관계규범을 중시여기는 증거로서 작용하는 것으로 해석할 수 있다. 이는 본사의 교육훈련이 가맹점 성과에 영향을 미친다는 기존연구(Yabas와 Habib, 1987; 김종명·박명호, 1994)와 관련하여 보완적 연구결과로서 의미 있는 것으로 이해할 수 있겠다.

⑦ 가설 7의 검증

'가맹점 교육 및 지도수준이 높을수록 상호 의존성 수준이 높다'이다.

이 가설은 경로분석에서 경로계수가 -.12, t값이 -1.04로 α=0.05 수준에서 기각된다. 가맹본사와 가맹점 간의 사업목표 일치성과 상호 이익성 등으로 의존되어 있는 관계성 즉 상호 의존성이 가맹본사의 교육·지도와는 인과관계가 없는 것으로 나타났다. 오히려 가설설정과는 달리 미약한 인과관계이나마 (-)관계로 나타났는데 이는 가맹점들이 가맹본사로부터 일정한 기술노하우를 배우고 나면 오히려 독점적 성향을 더 가질 수 있기 때문에 가능한 결과로 보인다. 그리고 한국적 프랜차이즈 업계 특성 중 교육훈련 없이 본사의 브랜드만을 빌리는 것으로 가맹점이 될 수 있기 때문이기도 하다.

⑧ 가설 8의 검증

가설 8은 '정보교환, 역할보전, 유연성 등의 관계규범 중시수준이 높을수록 상호 의존성 수준이 높아진다'이다. 이 가설은 경로분석에서 경로계수가 .38, t값이 3.09로 α=0.01수준에서 채택된다. 상호정보교환과 맡은바 역할을 스스로 알아서 수행하게 되면 상호간의 신뢰감도 높이겠지만 가맹점들은 본사를 믿게 되는 것이고 가맹점 역시 규정과 자발적 열의로 제 역할을 충실히 이행하면 가맹본사는 가맹점을 의존하게 되는 것이라 볼 수 있다. 이는 Lusch와 Brown (1996)의 연구결과 즉 쌍방적 의존관계(bilateral relationship)에서는 관계규범 중시수준이 높아진다는 것과 연결되는 것으로 풀이할 수 있다.

⑨ 가설 9의 검증

가설 9는 '관계규범 중시수준이 높을수록 신뢰수준도 높아진다'이다. 이 가설 역시 경로분석에서 경로계수가 .73, t값이 10.00로 α=0.01수준에서 채택된다. 이는 관계마케팅의 문헌에서 쉽게 찾아볼 수 있는 개념들의 인과관계로서 정보교환과 맡은바 역할수행을 잘하게 되면 즉 관계규범을 잘 수행하면 상호 신뢰도는 높아진다는 것이다(Morgan과 Hunt, 1994; Macneil, 1980; Hing, 1995). 프랜차이즈 시스템의 특성상 강제적인 규약적용보다 상호 암묵적인 약속이행과 수평적인 정보교환의 활동은 서로 간의 결합관계 정도에 긍정적인 작용을 한다고 판단해 볼 수 있다.

⑩ 가설 10의 검증

가설 10은 '상호 의존성 수준이 높을수록 신뢰수준이 높아진다'이다. 이 가설 역시 경로분석에서 경로계수가 .18, t값이 2.67로 α=0.01수준에서 채택된다. 상호 의존적 관계에서 가맹점과 가맹본사 간의 상호 신뢰는 형성되는 것이다. 가맹본사와 가맹점 간 상호 이익성으로 의존되어 있으면 서로를 위해 노력을 하게 되고 상호 협력적 관계에서 점차로 상호 신뢰수준은 높아지는 것이다. 이는 Lusch와 Brown(1996)의 연구 즉 상호 의존성이 관계규범에 영향을 미치고 관계규범수준이 신뢰수준을 높인다는 기존연구(Morgan과 Hunt, 1994; Macneil, 1980; Hing, 1995)에서 연결하여 볼 때 이해되는 분석결과이다.

⑪ 가설 11의 검증

가설 11은 '신뢰수준이 높으면 관계몰입수준도 높아진다'이다. 이 가설은 경로분석에서 경로계수 0.73, t값이 11.08로서 α=0.01수준에서 유의적인 정(+)의 관계로 채택된다. 이는 가맹점이나 가맹본사나 상대방에 대한 신뢰도를 갖게 되면 현재의 가맹관계와 미래의 가맹관계에 몰입(Commitment) 즉, 기꺼이 참여하겠다는 의지 상태를 보이는 것으로 풀이된다. 이는 Anderson과 Weitz(1992)나 Morgan과 Hunt(1994)의 연구에서 보듯이 신뢰와 관계몰입 간의 인과관계가 프랜차이즈 시스템에도 서로 작용하고 있음을 설명하고 있는 것이다.

<표 18> 가설검정 결과

가 설	경 로	경로명칭	경로계수	표준오차	t값	채택여부
H1	경쟁도(ξ_1) → 상호 의존성(η_2)	γ_{21}	0.08	0.07	1.16	기 각
H2	비용효율성(ξ_2) → 관계규범(η_1)	γ_{12}	0.07	0.06	1.24	기 각
H3	비용효율성(ξ_2) → 상호 의존성(η_2)	γ_{22}	-0.06	0.08	-0.82	기 각
H4	상품공급관계(ξ_3) → 상호 의존성(η_2)	γ_{23}	0.46	0.09	5.24**	채 택
H5	선정 엄격성(ξ_4) → 관계규범(η_1)	γ_{14}	0.26	0.07	3.71**	채 택
H6	교육·지도(ξ_5) → 관계규범(η_1)	γ_{15}	0.58	0.07	7.75**	채 택
H7	교육·지도(ξ_5) → 상호 의존성(η_2)	γ_{25}	-0.12	0.12	-1.04	기 각
H8	관계규범(η_1) → 상호 의존성(η_2)	β_{21}	0.38	0.12	3.09**	채 택
H9	관계규범(η_1) → 신뢰(η_3)	β_{31}	0.73`	0.07	10.00**	채 택
H10	상호 의존성(η_2) → 신뢰(η_3)	β_{32}	0.18	0.07	2.67**	채 택
H11	신뢰(η_3) → 관계몰입(η_4)	β_{43}	0.73	0.07	11.08**	채 택

*: $p < .05$, **: $p < .01$, $\chi^2 = 278.76$, d.f=188, P값=0.000, RMSEA=0.042, GFI=0.92, AGFI=0.89, NFI=0.91, NNFI=0.96, CFI=0.96

Ⅶ. 결 론

1. 실증연구결과 요약

프랜차이즈 시스템에서의 가맹본사와 가맹점 간의 관계적 특성을 신뢰와 관계몰입에 영향을 미치는 매개변수로서 설정하여 이들 매개변수는 어떤 선행변수에 의해 영향을 받으며 성과변수로 설정한 상호 신뢰와 관계몰입에 어떤 영향을 주는 관계를 형성하고 있는가를 가맹점 표본을 대상으로 실증분석하였다. 기존문헌고찰을 통해 관계마케팅 패러다임의 연구 개념과 11개의 연구가설을 설정하였고 자료수집은 외식업 가맹점 점포를 직접 방문, 면접 설문조사를 통해 이루어졌다. 분석에는 총 276개의 표본 수가 이용되었다.

구조방정식 모형 분석을 통해 관계적 특성요소에 영향을 미치는 독립변수들을 살펴보았으며 관계규범과 상호 의존성으로 파악한 관계특성이 상호 신뢰와 관계몰입에 어떻게 영향을 주는가를 보았다.

실증분석결과를 토대로 확인한 사실을 요약하면 다음과 같다.

첫째, 프랜차이즈 시스템에서 관계특성에 영향을 유의적으로 미치는 요인으로 상품·식자재공급관계, 가맹점 선정 엄격성, 교육지도 등으로 나타났다. 가맹점 선정 엄격성과 교육·지도 변수는 관계규범에, 그리고 상품·식자재 공급관계 변수는 상호 의존성에 영향을 주는 것으로 파악되었다. 가맹점 선정을 엄격히 할수록 상호간의 관계규범 준수 수준이 높아진다는 것은 일정한 자격을 갖춘 가맹점주와 가맹본사는 상호간의 정보교환과 역할보전 등의 이행을 중시한다는 사실인데 매우 중요한 연구결과로 판단된다. 이는 가맹점들이 엄격한 선정과정을 통해 참여하게 되면 Achrol(1997)이 언급하는 사회적 평판 파워, 즉 가맹점 식구로서의 자긍심을 얻게 되는 것이어서 가맹본사와의 상호적 관계에서 사회적 관계규범을 중시여기는 것이라 볼 수 있겠다. 또한 교육·지도수준이 높을수록 관계규범 준수도 잘 된다는 것도 마찬가지로 교육 및 사후 점포지도를 통해 상호간의 정보교환은 물론 역할이행의 의무감을 느끼게 하면서 관계규범을 중시여기는 증거로서 작용하는 것으로 해석할 수 있다. 이는 본사의 교육훈련이 가맹점 성과에 영향을 미친다는 기존연구(김종명·박명호, 1994)와 관련하여 보완적 연구결과로서 매우 유용하게 받아들여져야 할 연구결과로 보인다. 한편 상품·식자재 공급수준이 높으면 상호 의존성이 높아진다는 것은 가맹본사의 고유상품을 물류지원하는 것이 상호 관계형성에 중요하다는 것이다. 해당 본사만이 공급할 수 있는 특유의 상품·식자재라든지 시장가격보다 저렴한 상품의 조달은 가맹점에게는 가맹본사에 크게 의존케 하는 요인이라 할 수 있는 것이다. 이는 본사의 원활한 물류지원능력이나 상품공급능력이 가맹점 성과에 영향을 미친다는 기존연구(Lewis와 Lambert, 1991; 신창훈·김철민·김율성, 1999)와 관련하여 보완적인 연구결과로서 상호 의존성 매개변수가 작용하는 것으로 이해할 수 있겠다. 외식업 가맹업계의 특성상 쉽게 인과성을 인정할 수 있는 사실을 확인한 것으로 이해된다.

둘째, 가맹본사와 가맹점 간의 사업목표 일치성과 상호 이익성 등으로 의존되어 있는 관계성 즉 상호 의존성이 가맹본사의 교육·지도와는 인과관계가 없는 것으로 나타났다. 오히려 가설설정과는 달리 유의치 않은 신뢰수준에서 미약한 인과관계이나마 (-)관계로 나타났는데 이는 가맹점들이 가맹본사로부터 일정한 기술노하우를 배우고 나면 오히려 독점적 성향을 더 가질 수 있기 때문에 가능한 결과로 보인다. 그리고 한국적 프랜차이즈 업계 특성 중 교육훈련 없이 본사의 브랜드만을 빌리는 것으로 가맹점이 될 수 있기 때문이기도 하다.

셋째, 경쟁도와 비용효율성 변수는 관계특성변수에 영향을 미치지 못하는 것으로 나타났는데 이는 가맹점들의 경쟁도 인식이 가맹본사와의 관련성까지는 미치지 않고 있음을 알 수 있는 것이다. 우선 프랜차이즈 시스템의 경쟁도가 가맹본사와 가맹점 간의 상호 의존성과는 관련이 없는 것으로 나타난 것을 통해 우리는 가맹점들이 느끼는 경쟁도에 따라 김상현(1997)의 연구처럼 상호 관계의 질로 볼 수 있는 관계몰입 등이 달라질 수 있겠으나 파워 형성의 근간이 되는 상호 의존성 자체에는 직접적인 인과관계가 없는 것으로 추정할 수 있다. 우리나라 가맹점들의 사업경쟁도 인식은 본인들의 문제로만 간주할 뿐 가맹본사와의 관계성까지는 연결짓지 않기 때문인 것으로 풀이된다. 다만 Ganesan(1994)이 조사한 전통적인 도소매 업계의 상호 의존성과 가맹업계의 그것과는 차이점이 있다는 점에서 유의할 결과라고 판단된다. 그리고 비용효율성 개념이 관계규범과 상호 의존성와의 인과관계에서 유의하지 않게 나타난 것은 가맹점들이 본사의 비용절감 운영에는 관심이 없이 개업 전 가맹을 하는 이유로서 공동구매 등의 운영비용의 절약 가능성을 판단하여 가맹체결을 하였을 뿐, 개업 이후에는 가맹본사나 가맹점 입장에서 이 같은 사항에 대해서는 인식도가 없기 때문으로 해석된다. 우리나라의 가맹업계의 특성상 아직은 프랜차이즈 시스템을 장기적인 관계지속성에서 가능한 가맹점운영의 비용절감 수단으로 인식하지 못하고 있는 것이다.

특히 대리비용, 거래비용, 탐색비용 등의 비용절감차원의 운영일수록 관계의 질이 높아지는 것으로 파악한 Hopkinson과 Hogarth-Scott (1999)의 연구처럼 결과가 나오지 않은 것은 이러한 우리나라 가맹업계의 문제 때문인 것으로 판단된다. 가맹점들의 입장에서 볼 때 비용효율성 차원의 운영여부를 파악하기가 곤란한 점도 실증분석에서 유의하게 나타나지 않은 이유로 추정할 수 있다.

넷째, 관계특성 간의 인과관계와 관계특성이 신뢰와 관계몰입에 미치는 영향력을 살펴보면 관계규범이 상호 의존성과 신뢰에 영향을 미치는 것으로 나타났으며 상호 의존성이 신뢰에, 그리고 신뢰가 관계몰입에 작용하는 것으로 나타났다. 우선 관계규범 중시수준이 높으면 상호 의존성 수준이 높아진다는 것은 상호정보교환과 맡은바 역할을 스스로 알아서 수행하게 되면 상호간의 신뢰감도 높이겠지만 가맹점들은 본사를 믿게 되는 것이고 가맹점 역시 규정과 자발적 열의로 제 역할을 충실히 이행하면 가맹본사는 가맹점을 의존하게 되는 것이라 볼 수 있다. 이는 Lusch와 Brown(1996)의 연구결과, 즉 쌍방적 의존관계(bilateral relationship)에서는 관계규범 중시수준이 높아진다는 것과 연결되는 것으로 풀이할 수 있다.

그리고 관계규범을 중시할수록 신뢰수준이 높아진다는 사실은 정보교환과 맡은바 역할수행을 잘하게 되면 상호 신뢰도는 높아진다는 것인데 프랜차이즈 시스템의 특성상 강제적인 규약적용보다 상호 암묵적인 약속이행과 수평적인 정보교환의 활동은 서로 간의 결합관계 정도에 긍정적인 작용을 한다고 판단해 볼 수 있다. 또한 상호 의존적 관계에서 가맹점과 가맹본사 간의 상호 신뢰가 높아진다는 사실은 가맹본사와 가맹점 간 상호 이익성으로 의존되어 있으면 서로를 위해 노력을 하게 되고 상호 협력적 관계에서 점차로 상호 신뢰수준은 높아지는 것이다. 이는 Lusch와 Brown(1996)의 연구 즉 상호 의존성이 관계규범에 영향을 미치고 관계규범수준이 신뢰수준을 높인다는 기존연구(Morgan과 Hunt, 1994; Macneil, 1980; Hing, 1995)에서 연결하여 볼 때 이해되는 분석결과이다. 마지막 연구가설로 유의적인 분석결과가 나타난 신뢰수준과 몰입과의 인과관계는 가맹점이나 가맹본사나 상대방에 대한 신뢰도를 갖게 되면 현재의 가맹관계와 미래의 가맹관계에 몰입(Commitment) 즉, 기꺼이 참여하겠다는 의지 상태를 보이는 것으로 풀이된다. 이는 Anderson과 Weitz(1992)나 Morgan과 Hunt(1994)의 연구에서 보듯이 신뢰와 관계몰입 간의 인과관계가 프랜차이즈 시스템에도 서로 작용하고 있음을 설명하고 있는 것이다.

이 같은 관계적 특성과 관계의 질 변수 간의 인과관계에 관한 연구결과는 일반적인 관계마케팅 연구들과 크게 다름이 없는 결과로 프랜차이즈 시스템에서도 관계특성요소가 매개변수로서 작용할 수 있고 그리고 이들 변수가 관계의 질 변수에 영향을 미치는 것이라 할 수 있다. 즉 관계의 질로 제시한 신뢰 및 관계몰입에 가맹본사와 가맹점 간의 관계규범 중시와 상호 의존성 형성은 매우 중요한 정(+)의 영향력을 미치고 있다는 것이다.

본 연구의 결과는 그동안 가맹시스템을 활용하는 기업들이 가맹점들에 대한 지속적인 관계관리를 염두에 두지 않고 신규가맹점을 내 주는 데에만 골몰했던 단계에서 한 단계 나아가 세심한 가맹점들에 관한 관계관리가 필요함을 보였다는 데에서 그리고 세부적 관계관리방법과 방향을 제시하는 데에서 커다란 실무적 시사점이 있다고 하겠다. 다음과 같이 정리할 수 있다.

첫째, 프랜차이즈 시스템에 있어서 프랜차이즈 시스템을 구축하고 신규가맹점을 모집하고 계약체결 등으로 수입을 올리는 것보다 사업성과상 중요한 것은 협력과 관계몰입을 유도하는 관계관리 강화로의 수입제고가 필요하다는 것이다. 프랜차이즈 시스템은 신뢰와 몰입 등의 가맹본사와 가맹점 간의 관계의 질에 근거하여 형성되고 발전되는 것이기 때문이다.

둘째, 가맹사업을 성공적으로 하려면 가맹점 선정의 엄격성과 본사 상품의 안정된 공급수준을 높이는 것이 필요하다는 것이다. 이들 요소가 관계규범과 상호 의존성 등의 상호 관계성을 높이고 최종적인 기업성과에 영향을 미치는 관계의 질에도 긍정적인 영향을 미치기 때문이다.

셋째, 가맹점에 대한 교육훈련과 지속적인 사후지도관리도 마찬가지로 가맹본사들이 강화해야 할 사항이다. 가맹점들이 필요로 하는 상품지원, 그리고 광고 등의 물질적인 지원도 중요하지만 상호간의 신뢰와 관계몰입에 긍정적인 영향을 미치는 관계적 특성 제고에는 공동의 사업의식 고취와 상호 협력 이행을 시사하는 정보지원 차원의 교육과 사후지도가 한층 중요하게 작용하기 때문이다.

2. 본고의 결어

가맹본사가 프랜차이즈 시스템을 만들어내고 예비창업자들이 창업의 형태로 가맹점을 찾는 이유는 간단하다. 가맹본사는 단시간 내에 넓은 지역에 가맹점주의 자금과 인력을 활용하여 판매망을 확보하고 가입비, 로열티와 공급상품의 판매수입으로 안정적으로 사업을 할 수 있기 때문이다. 또한 사업경험이 적은 예비가맹주는 사업성공의 검증을 끝낸 가맹본사가 브랜드 제공, 상권분석, 상품공급, 마케팅, 점포관리 등 모든 면에서 지원해 주길 원하기 때문이다.

그러나 이 같은 배경에서 인기를 끌고 있는 프랜차이즈 업계는 안타

깝게도 아직까지 진정한 의미의 프랜차이즈 시스템이 운영되어 있지 못해 가맹점주의 불만이 있는 것이 사실이고 발전의 속도를 내고 있지 못하고 있다. 다시 말해 프랜차이즈 시스템은 원래 가맹본사와 가맹점 모두가 지속적 협력관계 내지 상생의 신뢰관계에서 거래, 운영되는 계속진행형의 관계마케팅의 이득을 보는 것인데 현 단계는 그렇지 못하고 가맹점의 창업만을 대행해 주는 단계에서만의 단기적 거래관계일 뿐이라는 사실이다.

본고에서는 이 같은 문제를 인식하고 프랜차이즈 시스템의 구축과 운영에 관한 이론적 고찰과 실증적 분석을 통해 올바른 프랜차이즈 시스템 활용관점과 방법을 심층적으로 살펴보았다. 본 연구를 통해 본 진정한 프랜차이즈 시스템은 일회성의 단속적인 거래에서가 아니라 장기적인 거래관계에서 그 가치를 제대로 발휘하는 유통경로 시스템의 일종이란 것이다. 그리고 실증연구에서 확인한 본사의 상품공급, 가맹점 선정의 엄격, 교육지도 등에 특히 유의하고 운영상의 비용효율성을 해결해 주는 가맹관계이면 충분히 상호 신뢰와 몰입이 가능하고 이를 통해 성장이 되는 유기체적 조직이라 규정지을 수 있다.

우리나라 프랜차이즈 시스템 발전단계에서 볼 때 지금 시점이야말로 프랜차이즈 시스템의 최종성과를 높이는 관계의 질에 영향을 미치는 운영구조적 특성요소와 관계관리 방안을 찾아야 하는 때인 것이다. 프랜차이즈 시스템 역시 경쟁시대에 돌입하였다. 여느 사업과 마찬가지로 프랜차이즈 산업도 거래파트너 간의 내부적 관계관리 경쟁력을 확보하여 핵심역량을 갖추는 것이 고객가치를 창출하고 참으로 강력한 진입장벽을 구축하는 길인 것이다. 상생관계의 구축 및 운영이 경쟁력이란 결론이다.

3. 앞으로의 연구과제

신뢰, 협력 등 상호간의 관계적 특성에 관한 본 연구의 성격상 단층적 차원(cross sectional)의 연구가 아닌 장기 연대적(longitudinal) 연구가 더 요구된다고 볼 수 있다. 이에 대한 지적이 한계점으로 제시될 수 있으며 보다 강한 설득력을 갖기 위한 장기적 관점의 연구 설계가 있어야 할 것이다.

또한 우리나라 가맹본사 사정상 많은 업체가 창업한 지 1~3년 이내 도산 또는 업종전환이 되거나 대부분의 외식업 가맹본사가 전혀 다른 1~3개의 브랜드를 동시에 또는 순차적으로 출시하여 프랜차이즈 시스템을 형성해 나가기 때문에 관계적 특성에 관한 조사가 쉽지 않은 점이다. 추후 가맹본사를 대상으로 중요한 관계관리 특성을 파악하여 이원적(dyadic) 차원의 실증연구가 있어야 할 것이다.

앞으로 이들 문제점과 연구한계를 해결하여 보다 많은 업종에서 프랜차이즈 시스템의 관계관리 시사점을 제공하는 많은 실증적 연구가 이루어졌으면 한다. 그리고 우리나라의 프랜차이즈 시스템이 진정한 관계마케팅적 상호 협력 운영체계로 발전되어 비용효율성 개념이 당연히 유의미한 영향요인으로 검증되기를 기원하는 바이다.

참고문헌

국내문헌

강인호, 김영규, 김승옥(2006), "외식산업 사업형 프랜차이즈 시스템의 관계특성과 재계약의도," 한국호텔경영학회, *호텔경영학연구*, 제15권 제2호, 223-240.

권영식·임영균(1998), "비대칭적 의존구조하에서의 장기거래지향성 결정요인에 관한 연구", *마케팅연구*, 제13권 제1호, 43-60.

김근배(1999), "프랜차이즈 본사의 경영능력과 가맹점 만족도에 관한 연구", *유통 학회 발표논문집*, 121-129.

김병국(1998), *프랜차이즈 창업컨설팅*, 지정출판사.

김상현(1997), "사업형 프랜차이즈 시스템에서의 프랜차이저와 프랜차이지 간 효율적인 관계정립에 관한 연구," *유통연구*, 제2권 제1호, 87-114.

김석용(1996), "신제도학파적 기업 이론과 기업 간 네트워크 이론의 고찰", *경영학연구*, 제25권 제1호, 107-152.

김용학(1993), *사회구조의 행위와 이론*, 나남출판사.

김종명·박명호(1994), "프랜차이즈 전략과 성과 간에 관계특성의 효과," *마케팅 논집*, 제4호 제1권, 17-40.

김종훈(1999), "구매자·판매자 간 거래관계의 특성이 관계성과에 미치는 영향: 관계규범과 관계투자를 중심으로," *유통연구*, 제4권 제1호, 71-92.

매일경제, 2005.4.15자.

박명호·박종무·윤만희(1997), *고객가치 창조를 위한 마케팅*, 서울: 경문사, 43-45.

박용환(1997), "외식 프랜차이즈 경로에서 관계몰입에 영향을 미치는 요인들에 관한 연구," 아주대학교 대학원 경영학과 박사학위논문, 66.

송영욱, 김상덕(2006), "프랜차이즈 본부의 지배형태가 가맹점의 결속에 미치는 영향: 관계수명주기의 조절효과," 한국산업경제학회, *산업경제연구*, 제19권 제1호, 267-288.

신창훈·김철민·김율성(1999), "사업형 프랜차이즈에서 가맹본부의 지원활동이 가맹점의 성과, 만족 및 재계약의도에 미치는 영향에 관한 연구," *로지스틱연구*, 제7권 제2호, 29-44.

신포우리식품(2000), 회사자료, 2000.9.22.

안광호·임영균(1998), *유통경로관리*, 문음사.

유재은(2000), *프랜차이즈 전략*, 한국생산성본부.

오세조·김천길·배정아(1995), "지속적인 거래관계 속에서의 관계적 규범 측정에 관한 연구," *유통연구*, 창간호, 239-258.

오세조·박진용(1999), "소매업체와 공급업체의 신뢰 및 결속에 관한 연구," *한국 유통학회 춘계학술발표 논문집*, 155-183.

이수동(1999), "프랜차이즈 발전을 위한 가맹점 보호 및 육성 방향," *한국유통학회 춘계학술발표 논문집*, 25-38.

이자형, 윤지환(2006), "가맹사업자의 통제와 지원이 외식 프랜차이즈 동일성 유지에 미치는 영향," 한국관광학회, *관광학연구*, 제30권 제2호, 259-277.

이창호(2006), "외식 프랜차이즈 가맹본사의 윤리경영이 가맹점주의 만족에 미치는 영향," 대한관광경영학회, *관광연구*, 제20권 제3호, 119-140.

이창호, 최수근, 최승호(2006), "외식산업 프랜차이즈 가맹점주의 만족, 관계의 질, 재계약의도에 관한 연구," 한국외식경영학회, *외식경영연구*, 제1.9권 제1호, 173-195.

이학식·김영(1997), "연구디자인이 Cronbach's α계수에 미치는 영향에 관한 연구." *마케팅연구*, 제23권 제11호, 149-172.

이행순, 이수범(2006), "외식 프랜차이즈 선택동기, 지원서비스, 브랜드 자산이 LMX의 질과 재계약에 미치는 영향에 관한 연구," 한국관광레저학회, *관광, 레저연구*, 제18권 제2호, 97-115.

전달영·강봉희(2000), "프랜차이즈 시스템에서 거래관계특성이 관계의 규범과 관계의 질에 미치는 영향-약국가맹을 중심으로-," *한국마케팅학회 추계 학술대회 논문집*, 239-254.

한국프랜차이즈협회(2005), *2005 프랜차이즈 산업 실태조사.*

한상린(1998), "산업재공급자와 조직구매자 간의 관계요인에 관한 연구," *마케팅연구* 제13권 제1호, 157-172.

황의록·김의근(1999), "프랜차이즈의 통제와 자율성 부여 정도가 프랜차이지의 성과에 미치는 영향에 관한 연구", *유통연구* 제4권, 제1호(6월호), 161-182.

홍성태(1999), "정보기술을 이용한 네트워크 조직의 발전방향에 관한 연구, "서울대 *경영논집* 제33권 제3호, 497-525.

국외문헌

Achrol, R.S.(1997), "Changes in the Theory of Interorganizational Relations in Marketing: Toward a Network Paradigm," *Journal of the Academy of Marketing Science*, Vol.25, No.1, 56-71.

Alanson, P.(1990), "An Empirical Analysis of a Firms Decision to Franchise," *Economic Letters*, Vol.34, 77-82.

Alajoutsijarvi, K / Tikkanen, H.(1998), "Competence Development within Industrial Networks: Analyzing a Case," *Journal of International Marketing and Marketing Research*, Vol.23, Oct., 139-57.

Aldrich, H.E.(1979), *Organization and Environments,* Prentice Hall.

Alderson, Wroe(1964), "Normative Theory of Marketing Systems," in *Review of Marketing*, R.Cox et al., eds. Chicago: AMA, 92-109.

Anderson(1984), "The Growth and Performance of Franchise Systems Company versus Franchise Ownership," *Journal of Economics and Business*, Vol.36, 421-431.

Anderson, J.C., H. Ha'kansson, and J. Johanson(1994), "Dyadic Business Relationships Within a Business Network Context," *Journal of Marketing*, Vol.58(Oct.), 1-15.

Anderson, J.C. and J.A. Narus(1990), "A Model of Distributor Firm and Manufacturer Firm Working Partnerships," *Journal of Marketing,* Vol.54(Jan.), 42-58.

Anderson, E. and B. Weitz(1992), "The Use of Pledges to Build and Sustain Commitmnet in Distribution Channels," *Journal of Marketing Research,* Vol.29(Feb.), 18-34.

Anderson, E. and B. Weitz(1989), "Determinants of Continuity in Conventional Industrial Channel Dyads," *Marketing Science,* Vol.8(Fall), 310-323.

Arndt, J.(1979), "Toward a Concept of Domesticated Markets," *Journal of Marketing,* Vol.43(Fall), 69-75.

Arndt, J.(1983), "The Political Economy Paradigm: Foundation for Theory Building in Marketing," *Journal of Marketing,* Vol.47
(Fall), 44-54.

Bacharach, S.B. and E.J. Lawler(1980), *Power and Politics in Organizations,* San Francisco: Jossey-Bass Inc., Publishers.

Bagozzi, R. and Y. Yi(1988), "On The Evaluation of Structural Equation Models," *Journal of Academy of Marketing Science,* Vol.16(4), 405-425.

Baker, W.E.(1992), "The Network Organization in Theory and Practice," In *Networks and Organizations: Structure, Form and Action,* Eds. N. Nohria and R. G. Eccles. Boston: Harvard Business School Press, 397-429.

Baker, W.E. and J.M. Sinkula(1999), "The Synergistic Effect of Market Orientation and Learning Orientation on Organizational Performance," *Journal of the Academy of Marketing Science,* Vol.27, No.4, 411-427.

Baron, J.N. and M.T. Hannan(1994), "The Impact of Economics on Contemporary Sociology," *Journal of Economic Literature,* Vol.32(Sep.), 111-146.

Bengtsson, M. and S. Kock(1999), "Cooperation and Competition in Relationships between Competitors in Business Networks," *Journal of Business & Industrial Marketing,* Vol.14, No.3, 178-193.

Berry, L.L. and A. Parasuraman(1991), *Marketing Science,* New York: The Free Press.

Biemans, W.G.(1996), "Organizational Networks: Toward a CrossFertilization
Between Practice and Theory", *Journal of Business Research,"* Vol.35, 29-39.

Birenbaum, A. and E. Sagarin(1976), *Norms and Human Behavior,* New York: Praeger.

Blankenburg, D. and J. Johanson(1992), "ManagingNetwork Connections in International Business, *Scandinavan International Business Review,* Vol.1 No.1, 5-19.

Boyd, B.(1990), "Corporate Linkages and Organizational Environment: A Test of the Resource Dependence Model," *Strategic Management Journal,* Vol.11, 419-430.

Bradach, J.L. and R.G. Eccles(1989), "Price, Authority and Trust: From Ideal Types to Plural Forms," *Annual Review of Sociology*, 97-118.

Bradach, J.L.(1998), *Franchise Organizations*, Harvard Business School Press, Boston, MA..

Brickley, J.A, and F. Dark(1987), "The Choice of Organization Form: the Case of Franchising," *Journal of Financial Economics*, Vol.18, June, 401-420.

Brickley, J.A., F. Dark,and, and M. Weisbach(1992), "An Agency Perspective on Franchising, *Financial Management*, Vol.20, Spring, 27-35.

Brown, J.R., R.F. Lusch, and C.Y. Nicholson(1995), "Power and Relationship Commitment: Their Impact on Marketing Channel Member Performance," *Journal of Retailing*, Vol.71, 363-392.

Buckin, L.P. and S. Sengupta(1993), Organizing Successful Co-Marketing Alliances," *Journal of Marketing*, Vol.57(Apr.) 32-46.

Burton, F., A.R. Cross, and M. Rhodes(2000), "Foreign Market Servicing Strategies of UK Franchisors: An Empirical Enquiry from a Transactions Cost Perspective," *Management International Review* (MIR), Vol.40 Issue 4, 373-400.

Castrogiovanni, G.J., J.G. Combs, and R.T. Justis(2006), "Resource Scarcity and Agency Theory Predictions Concerning the Continued Use of Franchising in Multi-outlet Networks," *Journal of Small Business Management*, Vol.44 Issue 1, 27-44.

Castrogiovanni, G.J. and R.T. Justis(2002), "Strategic and Contextual Influences on Firm Growth: An Empirical Study of Franchisors," *Journal of Small Business Management*, Vol.40 Issue 2, 98-108.

Caves, R. and W. Murphy(1976), "Franchising: Firms, Markets and Intangible Assets," *Southern Economic Journal*, Vol.42, 572-586.

Chiou, J-S., Hsieh, C-H.; Yang, C-H.(2004), "The Effect of Franchisors' Communication, Service Assistance, and Competitive Advantage on Franchisees' Intentions to Remain in the Franchise System," *Journal of Small Business Management*, Vol.42 Issue 1, 19-36.

Churchman, C.W.(1968), *the Systems Approach*, New York: Dell.

Coase, R.H.(1937), "The Nature of The Firm," *Economica*, Vol.4, 386-405.

Combs, J.G. and G.J. Castrogiovanni(1994), "Franchiser Strategy: A Proposed Model and Empirical Test of Franchise versus Company Ownership," *Journal of Small Business Management*, Vol.32(2), 37-48.

Combs, J.G. and Ketchen, Jr.(1999), "Can Capital Scarcity Help Agency Theory Explain Franchising? Revising The Capital Scarcity Hypothesis, "*Academy of Management Journal*, Vol.42, 196-207.

Gomes-Casseres, B.,(1994), "Group Versus Group: How Alliance Networks Compete," *Harvard Business Review*, July-August, 62-74.

Cook, K.S. and R.M. Emerson(1978), "Power, Equity and Commitment in Exchange Networks," *American Sociological Review*, Vol.43(Oct.), 721-739.

Cravens, D.W., N.F. Piercy, and S.H. Shipp(1996), "New Organizational Forms for Competing in Highly Dynamic Environments: The Network Paradigm," *British Journal of Management*, Vol.7, 203-218.

Dahlstrom, R. and A. Nygaard(1999), "Ownership Decisions in Plural Contractual Systems," *European Journal of Marketing*, Vol.33, No.1 / 2, 59-87.

Dant, R.P. and P.L. Schul(1992), "Conflict Resolution Process in Contracual Channels of Distribution," *Journal of Marketing*, Vol.56(Jan.), 38-54.

Dant, S.P. and D.T. Wilson(1990), "Uncertainty Reduction: A Retionale for The Proliferation of Interorganizational Relationships," *The proceedings of American of American Marketing Association*, Vol.142.

Dahlstrom, R. and K.M. McNeilly(1996), "Buyer-Seller Relationships in the Procurement of Logistical Services," *Journal of the Academy of Marketing Science*, Vol.24, No.2, 110-124.

Day, G.S.(1990), *Market Driven Strategy*, New York: Free Press.

Day, G.S.(1999), *Market Driven Organization*, Simon & Schuster Inc., 1999.

Dickson, P.R(1996), "The Static and Dynamic Mechanics of Competition: A Comment on Hunt and Morgan's Comparative Advantage Theory, *Journal of Marketing*, Vol.60(Oct.), 102-106.

Dnes, A.W.(1992), "Unfair Contractual Practices and Hostages in Franchise Contracts," *Journal for Institutional and Theoretical Economics*, Vol.148 No.3, 484-504.

Dorsch, M.J., S.R. Swanson and S.W. Kelly(1998), "The Role of Relationship Quality in the Stratification of Vendors as Perceived by Customers," *Journal of the Academy of Marketing Science*, Vol.26(2), 128-142.

Dwyer, F.R. and S. Oh(1987), "Output Sector Munificence Effects on the Internal Political Economy of Marketing Channels," *Journal of Marketing Research*, Vol.24(Nov.), 347-358.

Dwyer, F.R., Schurr, P.H. and Oh, S.(1987), "Developing Buyer-Seller Relationships," *Journal of Marketing*, Vol.51(No.2), 11-27.

Doutt, J.T.(1984), "Comparative Productivity Performance in Fast-Food Retail Distribution," *Journal of Retailing*, Vol.60, No.3, 98-106.

Doz, Y. and G. Hamel, *Alliance Advantage*, Boston: Harvard Business School Press, 1998.

Dyer, J. and H. Singh(1997), Relational Advantage: Relational Rents and Source of Interorganizational Competitive Advantage, *Working Paper*, Wharton School.

Easton, G. and H. Ha'Kansson(1996), "Markets as Networks: Editorial Introduction," *International Journal of Research in Marketing*, Vol.13, 407-413.

Estades, J. and S.V. Ramani(1998), "Technological Competece and Influence of Networks: A Comparative Analysis of New Biotechnology Firms in France and Britain," *Technology Analysis and Strategic Management*, Vol.10, No.4, 483-493.

Elango, B. and V.H. Fried(1997), "Franchising Research: A Literature Review and Synthesis," *Journal of Small Business Management*, July, 68-81.

Fama, E.F.(1980), "Agency Problems and The Theory of The Firm," *Journal of Political Economy*, Vol.88, April, 288-307.

Fenwick, G.D. and M. Strombom(1997), "The Determinants of Franchisee Performance: An Empirical Investigation," *International Small Business Journal*, Vol.16(4), 28-45.

Fisk, G.(1967), *Marketing Systems*, New York: Harper and Row.

Ford, D.(1990), *Understanding Business Markets: Interactions, Relationships and Networks*, Routledge, London.

Forward, J. and C. Fulop(1993), "Element of a Franchise", *The Service Industries*

Journal, Vol.13, No.4, 150-178.

Frazer, L.(2001), "Causes of disruption to franchise operations," *Journal of Business Research,* Vol.54 Issue 3, 227-234.

Frazer, L. and H. Winzar(2005), "Exits and expectations: why disappointed franchisees leave," *Journal of Business Research,* Vol.58 Issue 11, 1534-1542.

Fulop, C. and J. Forward(1997), "Insight into Franchising: A Review of Empirical and Theoretical Perspective," *The Service Industries Journal,* Vol.14(4), 603-625.

Ganesan, S.(1994), "Determinants of Long-Term Orientation in Buyer-Seller Relationships," *Journal of Marketing,* Vol.58 (April), 1-19.

Gauzente, C.(2003), "Measuring franchisees" satisfaction: theoretical considerations and empirical testing," *International Journal of Retail & Distribution Management, Vol.*31 Issue 10, 508-517.

Gerbing, D.A. and J.C. Anderson(1988), "An Updated Paradigm for Scale Development Incorporating Unidimensionality and Its Assesment," *Journal of Marketing Research,* Vol.25(May), 186-192.

Gerlach, M.L.(1992), *Alliance Capitalism,* Berkely: University of California Press.

Ghosh, A. and C.S. Craig(1991), "FRANSYS: a franchise distribution system location model," *Journal of Retailing,* Winter, 466-495.

Good, W.S.(1984), "Productivity in the Retail Grocery Trade," *Journal of Retailing,* Vol.60, Fall, 81-97.

Grosby, L.A., K.R. Evans, and D. Cowles(1990), "Relationship Quality in Services Selling: An International Influence Perspectives," *Journal of Marketing,* Vol.54, 1990.

Guiltinan, J.P., I.B. Rejab, and W.C. Rodgers(1980), "Factors Influencing Coordination in a Franchise Channel," *Journal of Retailing,* Vol.56(3), Fall, 41-58.

Gundlach, G.T., R.S. Achrol, and J.T. Mentzer(1995), "The Structure of Commitment in Exchange," *Journal of Marketing,* Vol.59 (Jan.), 78-92.

Hair, J.W., R.E. Anderson, R.L. Tatham, and W.C. Black(1995), *Multivariate Data Analysis with Readings,* 4th ed, Englewood Cliffs: Prentice Hall.

Ha'kansson, H. and J. Johanson(1993), "Industrial Fuctions of Business Relations," in

Advances in International Marketing, Vol.5, D.Deo Sharma, ed. Greenwich, CT:JAI Press, 15-31.

Ha'kansson, H.(1986), "Relationships Marketing Strategies and Competitive Strength", in Turbull, P.W. and Valla, J.P(Eds), *Strategies for International Industrial Marketing*, Croom Htlm, London.

Heide, J.B.(1994), "Interorganizational Governance in Marketing Channels," *Journal of Marketing*, Vol.58(Jan.), 71-85.

Heide, J.B. and G. John(1992), "Do Norms Matter in Marketing Relationship," *Journal of Marketing*, Vol.56(Apr.), 32-44.

Hickson, D.J., W.G. Astley, R.J. Butler, and D.C. Wilson(1981), "Organization as Power," Cummings, L.L. & R.M. Staw(eds.), *Research in Organizational Behavior*, Greenwich: JAI Press, Inc., 151-196.

Hing, N.(1995), "Franchisee Satisfaction: Contributors and Consequences," *Journal of Small Business Management*, Apring, 12-25.

Hoffman, R.C. and J.F. Preble(1991), "Franchising: Selecting a Strategy for Rapid Growth," *Long Range Planning*, Vol.24, No.4, 74-85.

Hopkinson, G.C. and S. Hogarth-Scott(1999), "Frnachise relationship quality: micro-economic expectations," *European Journal of Marketing*, Vol.33 No.9 / 10, 827-843.

Hough, A.J.(1986), "Power and authority and their consequences in franchise organisations: a study of the relationship between franchisors and franchisees," unpublished doctoral dissertation, Polytechnic of Central London.

Hubber, J.(1993), "Franchise Forecast," *Entrepreneur*, January 1993, p.73.

Hubber, J.(1995), "Changing Times," *Entrepreneur Magazine's 16th Annual Franchise 500*, 84-90.

Hunt, S.D.(1972), "The Socioeconomic Consequences of The Franchise System of Distribution," *Journal of Management*, Vol.36, July, 32-38.

Hunt, S.D.(1973), "Experiential Determinants of Franchise Success," *Journal of Economics & Business*, Vol.26(1), 81-83.

Jarillo, J.C.(1988), "On Strategic Networks", *Strategic Management Journal*, Vol.9, Jan.-Feb., 31-41.

Jensen, M.C. and W.H. Meckling(1976), "Theory of The firm: Managerial Behavior, Agency costs, and Ownership Structure," *Journal of Financial Economics*, Vol.3, 305-360.

John, G. and B.A. Weitz(1988), "Forward Integration into Distribution: An Empirical Test of Transaction Cost Analysis," *Journal of Law Economics and Organization*, Vol.4, No.2, 346.

Kaufmann, P.J. and L.W. Stern(1988), "Relational Exchange Norms, Perceptions of Unfairness, and Retained Hostility in Commercial Litigation," *Journal of Conflict Resolution,* Vol.32(Sep.), 534-552.

Khan, (1992), *Restaurant Franchising*, New York: Van Nostrand Reinhold, p.3.

Klein, S., Frazier, G.L., and V.J. Roth(1990), "A Transaction Cost Analysis Model of Channel Integration in International Markets," *Journal of Marketing Research,* Vol.27(May), 196-208.

Kumar, N.(1996), "The Power of Trust in Manufacturer-Retailer Relationships," *HBR* Nov.-Dec., 92-106.

Lafontaine, F.(1992), "Agency Theory and Franchising: Some Empirical Results", *Rand Journal of Economics*, Vol.23(2), 263-283.

Lafontaine, F. and P.J. Kaufmann(1994), "The Evolution of Ownership Patterns in Franchise Systems," *Journal of Retailing,* Vol.70, No.2, 97-113.

Leblebici, H. and G. Salancik(1981), "Effects of Environmental Uncertainty on Information and Decision Processes in Banks," *Administrative Science Quarterly,* Vol.25(Dec.), 578-596.

Lewis, M.C., and D.M. Lambert(1991), "A Model of Channel Member Performance, Dependence, and Satisfaction," *Journal of Retailing,* Vol.67(Sum.), 205-225.

Lusch, R.F.(1976), "Source of Power: Their Impact on Intrachannel Conflict," *Journal of Marketing Research*, Vol.13(Nov.), 382-390.

Lusch, R.F. and J.R. Brown(1996), "Interdependency, Contracting, and Relational Behavior in Marketing Channels," *Journal of Marketing,* Vol.60(Oct.), 19-38.

Macneil, I. R.(1979), *The Nature of Contract*, Yale University Press.

Macneil, I. R.(1980), *The New Social Contract: An Inquiry into Modern Contractual Relations*, New Haven, CT: Yale University Press.

Martin, R.(1988), "Franchising and Risk Management," *American Economic Review*, Vol.78(5), 954-968.

Mathewson, G.F. and R.A. Winter(1985), "The Economics of Franchise Contracts," *Journal of Law and Economics*, Vol.28 (Oct), 503-526.

McCallum, R.A.(1993), *Franchising*, New York: John Wiley & Son.

Mendelson, M.(1992), *The Guide to Franchising(5th Edition)*, London: Cassell., p.5.

Meyer, J.R. and N.J. Allen(1987), "Testing the Side-bet Theory of Organizational Commitment: Some Methodological Considerations," *Journal of Applied Psychology*, Vol.69, 372-378.

Miles, R.E. and C.C. Snow(1986), "Organizations: New Concepts for New Forms," *California Management Review*, Vol.28, No.3, Spring, 62-73.

Miles, R.E. and C.C. Snow(1992), "Causes of Failure in Network Organizations," *California Management Review*, Summer, 53-72.

Minho Cho(2005), "Transaction costs influencing international hotel franchise agreements: The case of the Holiday Inn Seoul," *Journal of Vacation Marketing, Vol.*11 Issue 2, 121-134.

Minkler, A.P.(1992), "Why firms franchise: a search cost theory," *Journal of Institutional and Theoretical Economics*, Vol.9, Special Issue, 105-114.

Molm, L.D.(1990), "Structure, Action and Outcomes: The Dynamics of Power in Social Exchange," *American Sociological Review*, Vol.55(3), 427-447.

Mo"ller, K.K. and A. Halinen(1999), "Business Relationships and Networks: Managerial Challenge of Network Era," *Industrial Marketing Management*, Vol.28, 413-427.

Morgan, R.M. and Hunt, S.D.(1994), "The Commitment-Trust Theory of Relationship Marketing," *Journal of Marketing*, Vol.58(July), 20-38.

Morrison, K.A.(1997), "How Franchise Job Satisfaction and Personality Affects Performance, Organizational Commitment, Franchisor Relations, and Intention to Remain," *Journal of Small Business Management*, July, 39-67.

Morrison, A. and C. Lashley(2003), "A Franchise: A Resource-Rich Small Service Firm?" *Service Industries Journal*, Vol.23 Issue 4, 135-149.

Nevin, J.R.(1995), "Relationship Marketing and Distribution Channels: Exploring

Fundamental Issues," *Journal of Academy of Marketing Science,* Vol.23, No.4, 327-334.

Noordewier, T.G., G. John, and J.R. Nevin(1990), "Performance Outcomes of Purchasing Arrangements in Industrial Buyer-Vendor Relationships," *Journal of Marketing,* Vol.54(Oct.), 80-93.

Norton, S.W.(1988), "An Empirical Look at Franchising as an Organizational Form," *Journal of Business,* Vol.61, NO.2, 197-218.

Norton, S.W.(1995), "Is Franchising a Capital Structure Issue?," *Journal of Corporate Finance,* Vol.2, 75-101.

Nunnally, J.C.(1978), *Psychometric Theory,* New York: McGraw-Hill.

Oxenfelt, A.R. and A.O. Kelly(1968-69), "Will Successful Systems Ultimately Become Wholly-Owned Chains?,"*Journal of Retailing,* Vol.44(49), 69-83.

Oxenfelt, A.R. and D. Thompson(1969), "Franchising in Perspective," *Journal of Research,* Vol.3, Winter, 69-83.

Ozanne, U.B. and S.D. Hunt(1971), *The Economic Effects of Franchising,* US Select Committee on Small Business, Washington, D.C.

Pfeffer, J. and G. R. Salancik(1978), *The External Control of Organizations,* Harper & Row Publishers.

Powel, W.W.(1990), "Neither Market Nor Hierarchy: Network forms of organization," *Research in Organizational Behavior,* Vol.12, 295-336.

Prahalad, C.K. and G Hamel(1990), "The Core Competence of the Corporation," *Harvard Business Review,* Vol.68, May / Jun, 79-92.

Ritter, T.(1999), "The Networking Company: Antecedents for Coping with Relatonships and Networks Effectively," *Industrial Marketing Management,* Vol.28, 467-479.

Rubin, P.(1978), "The Theory of the Firm and the Structure of the Franchise Contract," *Journal of Economics,* Vol.21, 223-223.

Salancik, G.R.(1995), "Wanted: A Good Network Theory of Organization," *Administrative Science Quarterly,* Vol.40(June), 345-349.

Sanghavi, N.(1991), "Retail Franchising as a Growth Strategy for the 1990's," *International Journal of Distribution Management,* Vol.19, No2, 4-9.

Seshadri, S.(2002), "Outlet Ownership in Franchising Systems: An Agency Based Approach, "*Managerial & Decision Economics*, Vol.23 Issue 6, 355-369.

Shane, S.A.(1998), "Research Notes and Communications Making New Franchise, Systems Work," *Strategic Management Journal*, Vol.19, 697-707.

Shane, S. and C. Spell(1998), "Factors for New Franchise Success," *Sloan Management Review*, Spring, 43-50.

Smith, J.B.(1998), "Buyer-Seller Relationships: Similarity, Relationship Management, and Quality," *Psycholgy and Marketing*, Vol.15 (1), 3-21.

Sen, Kabir C.(1998), "The Use of Franchising as a Growth Strategy by US Restaurant Franchisors," Journal of Consumer Marketing, Vol.15, No.4, 397-407.

Stern, L.W. and A.I. El-Ansary(1992), *Marketing Channels*, 4th ed., Englewood Cliffs, NJ: Prentice-Hall.

Stern, L.W. and T. Reve(1980), "Distribution channels as political economies: a framework for comparative analysis," *Journal of Marketing*, Vol.44(2), 52-64.

Thorelli, H.B.(1986), "Networks: Between Markets and Hierarchies," *Strategic Management Journal*, January / February, 37-51.

Tichy(1981), "Networks in Organizations", in Nystrom, P.C. & Starback, W.H.(eds), *Handbook of Organizational Design*, Vol.2 (London: Oxford University Press), p.225-249.

Turnbull, P., Ford, D. and M. Cunningham(1996), "Interaction, Relationships and Networks in Business Markets: An Evolving Perspective," *Journal of Business and Industrial Marketing*, Vol.11, 44-62.

U.S. Department of Commerce,(1988), *Franchise Opportunities Handbook*, United States Washington, D.C..

Varadarajan, P. and D. Rajaratnam(1986), "Symbiotic Marketing Revisited," *Journal of Marketing*, Vol.50(Jan.), 7-17.

Vaughn, C.L.(1979), *Franchising*, 2d ed. Lexington, Mass: D.C Heath and Company.

Vázquez, L.(2005), "Up-front Franchise Fees and Ongoing Variable Payments as Substitutes: An Agency Perspective," *Review of Industrial Organization*, *Vol.*26 Issue 4, 445-460.

Walker, Jr. O.C.(1997), "The Adaptability of Network Organizations: Some Unexplored

Questions," *Journal of Academy of Marketing Science,* Vol.25, No.1, 75-82.

Walker, G. and L. Poppo(1991), "Profit Centers, Single-Source Suppliers, and Transaction Costs," *Administrative Science Quarterly*, Vol.36, 66-87.

Williamson, O.E.(1985), *The Economic Institutions of Capitalism*, New York: The Free Press.

Williamson, O.E.(1983), "Credible Commitments: Using Hostages to Support Exchange," *American Economic Review,* Vol.73(Sep.), 519-540.

Williamson, O.E.(1981), "The Economics of Organization: The Transaction Cost Approach," *American Journal of Sociology,* Vol.87(3), 548-577.

Wilson, D.T.(1995), "An Intergrated Model of Buyer-Seller Relationships," *Journal of Academy of Marketing Science,* Vol.23, No.4, 335-345.

Wicking, N.(1993), "Analyzing The Options," *Seminar on The Business of Franchising,* London: City University Business School.

Yavas, U. and G. Habib(1987), "Correlates of Franchisee Satisfaction: The Case of Saudi Car Dealdrs," IJPD and MM, Vol.17, 46-55.

Young, L.C. and I.F. Wilkinson(1989), "The Role of Trust and Cooperation in Marketing Channels: A Preliminary Study," *European Journal of Marketing,* Vol.23(2), 109-122.

Appreciation in depth about Franchise Systems: through the approach of relationship marketing

Cho, Kyu-Ho

Professor, Department of Business Administration,

Seowon University, Cheongju, Korea

Summary

This study is based on the theoretical model of relationship marketing in order to explain the socio-economic aspects of the relationship of franchiser-franchisees. Also, the relationship exchange theory grounded on bilateral relationship is used as a framework for the empirical research.

The primary objectives of this study are twofold. The first is to investigate the antecedents which influence relationship characteristics such as relational social norms and interdependence. The second is to explore how these relationship characteristics impact trust and relationship commitment in the franchiser-franchisee relationships of franchise systems.

A model of franchiser-franchisee relationships based on interdependence and relational norms is proposed and tested.

Franchiser and franchisee are viewed as interdependent and can compete best by harnessing the interdependence. Relational norms are also considered as important in the franchiserfranchisee relationships, which were derived from Macneil's relational exchange theory. They include the extent to which parties are willing to engage in two-way communication(i.e., information exchange), the degree to which dyadic roles are seen as complex and extending beyond transactions (i.e., role integrity), and the extent to which exchange arrangements can be modified if changes require it (i.e., flexibility).

As the two mediating variables, relational social norms and interdependence, were drawn from the sociological aspect of organization theory and from the political economy paradigm, respectively. These relationship characteristics are considered very important in the franchise systems because they were derived from bilateral relationships; and franchiser-franchisee relationships can be explained in terms of bilateral relationships. Relational social norms and interdependence act as important precedent variables of relationship quality in areas such as trust and commitment which evolve in the exchanges of franchiser and franchisee when parties contemplate bilaterally committed strategies, goals and a longer-term orientation.

Competition intensiveness in the franchise business, and four important contextual factors related to the operation of franchise systems are positioned as exogenous variables or precedent variables of the two mediating variables in research. The four factors are cost efficiency of the franchise operation, franchiser's supplying level of food materials, the strictness of franchisee selection, education and training.

The structural equation analysis was executed using the LISREL8.3 program. The data for the study were collected in a personal questionnaire interview process involving franchisees in the food service industry. The sample data of 286 questionnaires were used to test the structural equation modeling.

The results of the empirical test were as follows:

First, among 5 exogenous variables which were hypothesized to influence relational norms and interdependency, 3 variables have a positive significance on the relationship characteristics: the franchiser's supplying level of food materials on interdependence, the strictness of selecting franchisees, and the franchiser's training and education on relational norms.

Second, relational norms also have a positive influence on interdependence between the parties of franchise systems, and the two mediators of relational norms and interdependence were demonstrated to significantly influence trust formation. Therefore, trust results in having a positive causal relationship to commitment in the franchise systems.

부록 1

최근 프랜차이즈 관련 학술논문 리스트

❑ 국 내

1. BSC를 이용한 인터넷 부동산 프랜차이즈 가맹업체의 성과평가모형 개발 / 이국철, 이성현 / 한국경영정보학회 | 춘계학술대회 | 2006(8 pages)
2. 가맹사업자의 통제와 지원이 외식 프랜차이즈 동일성 유지에 미치는 영향 / 이자형, 윤지환 / 한국관광학회 | 관광학연구 | 2006(19 pages)
3. 외식 프랜차이즈 선택동기, 지원서비스, 브랜드 자산이 LMX의 질과 재계약에 미치는 영향에 관한 연구 / 이행순, 이수범 / 한국관광레저학회 | 관광, 레저연구 | 2006(19 pages)
4. 연구논문: 가맹 희망자들의 프랜차이즈 계약체결 선택속성에 관한 차이 연구 / 송병화, 안성식, 박주연 / 대한관광경영학회 | 관광연구 | 2006(21 pages)
5. 연구논문: 외식 프랜차이즈 가맹본사의 윤리경영이 가맹점주의 만족에 미치는 영향 / 이창호 / 대한관광경영학회 | 관광연구 | 2006(22 pages)
6. 프랜차이즈 본부의 지배형태가 가맹점의 결속에 미치는 영향: 관계수명주기의 조절효과 / 송영욱, 김상덕 / 한국산업경제학회 | 산업경제연구 | 2006(22 pages)
7. DEA를 이용한 한식 프랜차이즈의 경영효율성 분석 / 서영애, 나정기 / 한국 관광학회 | 관광학연구 | 2006(21 pages)
8. 외식산업 프랜차이즈 가맹점주의 만족, 관계의 질, 재계약의도에 관한 연구 / 이창호, 최수근, 최승호 / 한국외식경영학회 | 외식경영연구 | 2006(23 pages)
9. 외식산업 사업형 프랜차이즈 시스템의 관계특성과 재계약의도 / 강인호, 김영규,

김승옥 / 한국호텔경영학회 | 호텔경영학연구 | 2006(18 pages)

10. 외식 프랜차이즈 창업 시 업태별 선택 속성차이 연구 - 미래 가맹점주를 대상으로 - / 송병화, 고재윤, 김현주 / 한국호텔리조트카지노산학학회 | 호텔리조트 카지노연구 | 2005(14 pages)

11. 힘의 불균형 계약관계에서 프랜차이즈 본부의 상호 작용 공정성이 가맹점의 몰입, 도덕적 해이 및 지각성과에 미치는 영향 / 배일현, 박세준 / 한국마케팅학회 | 한국마케팅저널 | 2005(21 pages)

12. 프랜차이즈 가맹사업자와 가맹계약자의 관계: 프랜차이즈 비용과 성과를 중심으로 / 윤지환, 이자형 / 한국외식경영학회 | 외식경영연구 | 2005(18 pages)

13. 소자본 예비창업자를 위한 프랜차이즈 가맹점계약에 대한 연구 / 송무호 / 한국창업정보학회 | 창업정보학회지 | 2005(23 pages)

14. 프랜차이즈 본부와 가맹점 간의 내부정치가 결속 및 관계성과에 미치는 영향 / 조현진 / 한국유통학회 | 유통연구 | 2005(21 pages)

15. 한국프랜차이즈 산업의 발전과 전망 / 이종태, 성민 / 한국경영사학회 | 경영사학 | 2005(35 pages)

16. 외식 프랜차이즈 기업에서 원자재 공급이 관계규범과 가맹점의 재계약의도에 미치는 영향 / 황춘기, 안치언 / 한국조리학회 | 한국조리학회지 | 2005(16 pages)

17. 프랜차이즈 시스템에서의 협력관계 구축과 협력 방안 / 김상현 / 영남대학교 산경연구소 | 산경연구 | 2005(22 pages)

18. 일반 체육관과 프랜차이즈 체육관 경영자의 직무만족과 수련생의 만족도 분석 / 나순복, 이천희, 하지원 / 한국스포츠리서치 | 한국스포츠리서치 | 2005(9 pages)

19. 한국 외식 프랜차이즈 업체의 해외진출 전략에 관한 연구 / 윤인상 / 조선대학교 지역사회발전연구원 | 지역발전연구 | 2005(21 pages)

20. 스포츠산업, 경영: 국내 프로스포츠 리그 프랜차이즈 평가 요인분석 / 김종 / 한국체육학회 | 한국체육학회지 | 2004(12 pages)

21. 연구논문: 프랜차이즈 업체와 고객 간의 관계형성에 관한 연구 - 치킨프랜차 이즈 전문점을 중심으로 - / 변광인, 김세진, 신정하 / 한국호텔관광학회 | 호텔관광연구 | 2004(13 pages)

22. 외식 프랜차이즈 가맹점의 가맹본부에 대한 만족도 결정요인에 관한 연구 / 임현철 / 한국조리학회 | 한국조리학회지 | 2004(22 pages)

23. 국내 프로스포츠 리그 프랜차이즈 평가 요인분석 / 김종 / 한국체육학회 | 한국체육

학회지 | 2004(12 pages)

24. 프랜차이즈 성과의 결정 변수에 관한 연구 / 박윤재, 이종철, 박주영 / 한국유통학회 | 2004년 한국유통학회 동계학술대회 발표논문집 | 2004(21 pages)

25. 연구논문: 외식 프랜차이즈 경쟁력 증진을 위한 프랜차이즈 비용구조 전략 / 윤지환, 이자형 / 한국외식경영학회 | 외식경영연구 | 2004(17 pages)

26. 프랜차이즈 조직의 이해(서평), Jeffrey L. Bradach(미 하버드대 경영대 교수) 저, Harvard Business School Press, 1999년, 김영국(동국대), 윤지환(경원대) 역, 백산출판사, 2003년

27. 연구논문: 프랜차이즈 시스템의 영향력이 가맹점의 만족에 미치는 영향에 관한 연구: 패스트푸드점을 중심으로 / 고재윤, 이상건 / 한국외식경영학회 | 외 식경영연구 | 2004(16 pages)

28. 프랜차이즈 기법을 통한 태권도 도장 경영전략에 관한 연구 / 윤상화 / 한국스포츠리서치 | 한국스포츠리서치 | 2003(11 pages)

29. 최근 한국프랜차이즈 시장현황 및 소자본창업의 성공전략에 관한 연구 / 송무호 / 한국창업정보학회 | 창업정보학회지 | 2003(28 pages)

30. 연구논문: 외식사업에서 공동브랜드를 이용한 프랜차이즈전략 / 함성필, 전재균 / 한국관광레저학회 | 관광, 레저연구 | 2003(15 pages)

31. 프랜차이즈 시스템에서 운영구조와 관계특성이 신뢰 및 몰입에 미치는 영향 / 조규호, 전달영 / 한국경영학회 | 경영학연구 | 2003(25 pages)

32. 연구논문: 외식사업에서 공동브랜드를 이용한 프랜차이즈전략 / 함성필, 전재균 / 한국관광레저학회 | 관광, 레저연구 | 2003(15 pages)

33. 논문: 관계기간에 따른 통제기제 및 관료화가 프랜차이즈 가맹점의 결속과 관계 만족에 미치는 영향 / 오세조, 김상덕, 오일두 / 한국유통학회 | 유통연구 | 2003(21 pages)

34. 프랜차이즈 기법을 통한 태권도 도장 경영전략에 관한 연구 / 윤상화 / 한국스포츠리서치 | 한국스포츠리서치 | 2003(11 pages)

35. 프로세스 모델링 및 혁신: 프랜차이즈 업종의 기업 간 협업 프로세스 표준 모델 개발 / 박승규, 문신명, 배승호, 홍정완, 임춘성 / 대한산업공학회 | 춘계학술대회논문집 | 2003(12 pages)

36. 연구논단: 프랜차이즈 구입비의 법적구조 / 김영균 / 한국상사판례학회 | 상사판례연구 | 2002(36 pages)

37. 국내진출 해외외식 프랜차이즈 성과요인에 관한 연구 / 김난영 / 한양대학교 관광

연구소 | 관광연구논총 | 2002(19 pages)

38. 중저가호텔 프랜차이즈 시스템의 경쟁우위전략과 관제몰입의 관계에 관한 연구 / 윤석현, 조의영 / 관광경영학회 | 관광경영학연구 | 2002(22 pages)

39. 연구논문: 외식산업의 프랜차이즈 시스템에 관한 연구 / 윤기열, 허지현 / 한국외식경영학회 | 외식경영연구 | 2002(25 pages)

40. 연구논문: 여행사 프랜차이즈 경영 합리화 방안 - "K"여행사의 사례를 중심으로 - / 신강현, 이영재 / 한국여행학회 | 여행학연구 | 2002(22 pages)

41. 소비자의 점포지각 차이에 관한 연구 - 프랜차이즈와 일반독립점포를 중심으로 - 박유식, 강봉희, 김석원 / 충북대학교 산업경영연구소 | 산업과경영 | 2002(22 pages)

42. 연구논문: 패스트푸드 프랜차이즈 시스템의 영향전략과 갈등관계 / 김홍범, 이상건 / 한국관광학회 | 관광학연구 | 2002(20 pages)

43. 연구논문: 프랜차이즈중개업의 성과결정요인 / 서진형 / 한국부동산분석 학회 | 부동산학연구 | 2001(23 pages)

44. 프랜차이즈 시스템의 이론적 고찰 / 곽세영 / 한국중소기업학회 | 중소기업 연구 | 2001(15 pages)

45. 학술대회 발표논문: 프랜차이즈계약의 대외적 효력 / 임재호(Jae Ho Im) 부산대학교 법학연구소 | 법학연구 | 2001(22 pages)

46. 프랜차이즈 가맹점의 행위로 인한 사업본사의 책임 / 임재호 / 한국상사법 학회 | 상사법연구 | 2001(37 pages)

47. 연구논문: 분쟁사례를 통해 본 프랜차이즈 시스템의 개선방안 / 류경민 / 한국조리학회 | 한국조리학회지 | 2001(26 pages)

48. 판례연구: 프랜차이즈 사업본사의 대위책임 / 임재호 / 한국상사판례학회 | 상사판례연구 | 2001(18 pages)

49. 연구논문: 공정성과 상호 관계의 질의 관계에 있어 환경불확실성과 관계기간의 조절역할에 관한 연구 - 프랜차이즈 시스템을 중심으로 - / 곽동성, 박준승 / 한일경상학회 | 한일경상논집 | 2001(26 pages)

50. 국내 외식 프랜차이즈의 현황 및 세계화의 문제점 / 윤홍근 / 조선대학교 지역사회발전연구원 | 지역발전연구 | 2001(16 pages)

51. 연구논문: 프랜차이즈 가맹점 재계약의도의 결정요인에 관한 연구 신창훈, 김율성, 김철민 / 한국마케팅관리학회 | 마케팅관리연구 | 2000(23 pages)

52. 국내와 외국 브랜드 패스트푸드 프랜차이즈의 서비스 품질에 관한 비교연구 / 장대

성, 박시숙, 신충섭/ 한국서비스경영학회| 서비스경영학회지| 2000(24 pages)

53. 김충호 박사 정년기념논문집: 마케팅 측면에서의 외식산업 프랜차이즈 시스템에 관한 연구 / 진양호 / 한국관광산업학회| Tourism Research | 2000(17 pages)

54. 김충호 박사 정년기념논문집: 프랜차이즈의 불공정거래유형 및 사례연구/ 이창국 / 한국관광산업학회| Tourism Research | 2000 (22 pages)

55. 연구논문: 프랜차이즈 레스토랑 점장의 직무만족에 관한 연구/ 박대섭 / 한국조리학회| 한국조리학회지| 2000 (28 pages)

56. 연구논문: 외식 프랜차이즈 산업의 가맹정 만족도에 관한 연구/ 김형준/ 한국조리학회| 한국조리학회지| 2000 (16 pages)

57. 연구논문: 외식 프랜차이즈 시스템하의 동인별 고객만족도에 관한 연구/ 홍기운, 김형준/ 한국조리학회| 한국조리학회지| 2000 (29 pages)

❏ 국 외

1. Dynamic enfranchisement. By: Jack, William; Lagunoff, Roger. Journal of Public Economics, May2006, Vol.90 Issue 4 / 5, p.551-572.

2. CONTRACT DURATION: EVIDENCE FROM FRANCHISING. By: Brickley, James A.; Misra, Sanjog; Van Horn, R. Lawrence. Journal of Law & Economics, Apr2006, Vol.49 Issue 1, p.173-196.

3. Optimal franchise contracts with private cost information. By: Hempelmann, Bernd. International Journal of Industrial Organization, Mar2006, Vol.24 Issue 2, p.449-465.

4. When Does Franchising el Restaurant Chain Performance? By: Ketchen, Jr., David J.; Combs, James G.; Upson, John W.. Cornell Hotel & Restaurant Administration Quarterly, Feb2006, Vol.47 Issue 1, p.14-26, Cited References (19)

5. Franchising in Residential Brokerage. By: Benjamin, John D.; Chinloy, Peter; Jud, G. Donald; Winkler, Daniel T.. Journal of Real Estate Research, Jan-Mar2006, Vol.28 Issue 1, p.61-70. Cited References (15)

6. Resource Scarcity and Agency Theory Predictions Concerning the Continued Use

of Franchising in Multi-outlet Networks. By: Castrogiovanni, Gary J.; Combs, James G.; Justis, Robert T.. Journal of Small Business Management, Jan2006, Vol.44 Issue 1, p.27-44. Cited References (60)

7. An Examination of International Retail Franchising in Emerging Markets. By: Welsh, Dianne H. B.; Alon, Ilan; Falbe, Cecilia M.. Journal of Small Business Management, Jan2006, Vol.44 Issue 1, p.130-149. Cited References (59)

8. Expansion strategy of international hotel firms. By: Chen, Jean Jinghan; Dimou, Irini. Journal of Business Research, Dec2005, Vol.58 Issue 12, p.1730-1740. Cited References (35)

9. INTERNATIONALIZATION OF SERVICES: THE GLOBAL IMPACT OF US FRANCHISE RESTAURANTS. By: Khan, Mahmood A.. Journal of Services Research, Spec.Issue, p.187-215.

10. Exits and expectations: why disappointed franchisees leave. By: Frazer, Lorelle; Winzar, Hume. Journal of Business Research, Nov2005, Vol.58 Issue 11, p.1534-1542. Cited References (30)

11. Technology and Real Estate Brokerage Firm Financial Performance. By: Benjamin, John D.; Chinloy, Peter; Jud, G. Donald; Winkler, Daniel T.. Journal of Real Estate Research, Oct / Dec2005, Vol.27 Issue 4, p.409-426. Cited References (28)

12. Franchising, relational contracts and the vibe. By: Terry, Andrew. Australian Business Law Review, Aug2005, Vol.33 Issue 4, p.289-301. Cited References (12)

13. Partisan Competition, Growth, and the Franchise. By: Llavador, Humberto; Llavador, Humberto; Oxoby, Robert J.; Oxoby, Robert J.. Quarterly Journal of Economics, Aug2005, Vol.120 Issue 3, p.1155-1189. Cited References (53)

14. Entrepreneurs or Investors: Do Multi-unit Franchisees Have Different Philosophical Orientations? By: Grünhagen, Marko; Mittelstaedt, Robert A.. Journal of Small Business Management, Jul2005, Vol.43 Issue 3, p.207-225. Cited References (75)

15. Determinants of Monitoring Capabilities in International Franchising: Foodservice Firms within East Asia. By: Choo, Stephen. Asia Pacific Journal of Management, Jun2005, Vol.22 Issue 2, p.159-177, Cited References (38)

16. Up-front Franchise Fees and Ongoing Variable Payments as Substitutes: An

Agency Perspective. By: Vázquez, Luis. Review of Industrial Organization, Jun2005, Vol.26 Issue 4, p.445-460. Cited References (24)

17. What is the content of the common law obligation of good faith in commercial franchises? By: Dixon, Bill. Australian Business Law Review, Jun2005, Vol.33 Issue 3, p.207-223, Cited References (33)

18. Entrepreneurial Teams within Franchise Firms. By: Clarkin, John E.; Rosa, Peter J.. International Small Business Journal, Jun2005, Vol.23 Issue 3, p.303-334, Cited References (63)

19. Franchisor use of influence and conflict in a business format franchise system. By: Tikoo, Surinder. International Journal of Retail & Distribution Management, 2005, Vol.33 Issue 5, p.329-342, Cited References (42)

20. Explaining franchisors' choices of organization forms within franchise systems. By: Garg, Vinay K.; Rasheed, Abdul A.; Priem, Richard L.. Strategic Organization, May2005, Vol.3 Issue 2, p.185-217.

21. Transaction costs influencing international hotel franchise agreements: The case of the Holiday Inn Seoul. By: Minho Cho. Journal of Vacation Marketing, Apr2005, Vol.11 Issue 2, p.121-134, Cited References (17)

22. An analysis of quality management in franchise systems. By: Monroy, Margarita Fernández; Aizola, Lucia Melián. European Journal of Marketing, 2005, Vol.39 Issue 5 / 6, p.585-605, Cited References (103)

23. Retail franchising: an intellectual capital perspective. By: Watson, Anna; Stanworth, John; Healeas, Simon; Purdy, David; Stanworth, Celia. Journal of Retailing & Consumer Services, Jan2005, Vol.12 Issue 1, p.25-34.

24. Who's in the driving seat? Managing human resources in a franchise firm. By: Truss, Catherine. Human Resource Management Journal, 2004, Vol.14 Issue 4, p57-75, Cited References (35)

25. Centralization of franchising networks: evidence from the Austrian franchise sector. By: Windsperger, Josef. Journal of Business Research, Dec2004, Vol.57 Issue 12, p.1361-1369, Cited References (70)

26. Franchising as a Small Business Growth Strategy. By: Stanworth, John; Stanworth, Celia; Watson, Anna; Purdy, David; Healeas, Simon. International Small Business

Journal, Dec2004, Vol.22 Issue 6, p.539-559, Cited References (22)

27. Franchising: A Review and Avenues to Greater Theoretical Diversity. By: Combs, James G.; Michael, Steven C.; Castrogiovanni, Gary J.. Journal of Management, Dec2004, Vol.30 Issue 6, p.907-931, Cited References (119)

28. Global Franchising and Development in Emerging and Transitioning Markets. By: Alon, Ilan. Journal of Macromarketing, Dec2004, Vol.24 Issue 2, p.156-167, Cited References (56)

29. Implementing international franchising: the role of intrapreneurship. By: Altinay, Levent. International Journal of Service Industry Management, 2004, Vol.15 Issue 5, p.426-443, Cited References (36)

30. A strategic groups approach to the franchising - performance relationship. By: Combs, James G.; Ketchen Jr., David J.; Hoover, Vera L.. Journal of Business Venturing, Nov2004, Vol.19 Issue 6, p.877-897, Cited References (57)

31. Relationship development in international retail franchising. By: Doherty, Anne Marie; Alexander, Nicholas. European Journal of Marketing, 2004, Vol.38 Issue 9 / 10, p.1215-1235, Cited References (84)

32. Uncovering aspects of franchisees' incentives: an explorative investigation. By: Marnburg, Einar; Larsen, Svein; Ogaard, Torvald. Food Service Technology, Sep2004, Vol.4 Issue 3, p.117-128, Cited References (43)

33. FRANCHISING IN CHINA: LEGAL CHALLENGES WHEN FIRST ENTERING THE CHINESE MARKET. By: Lee, Michele. American University International Law Review, 2004, Vol.19 Issue 4, p.949-1007.

34. Effective franchise management. By: Theeranuch Luangsuvimol; Brian H Kleiner. Management Research News, 4 / 1 / 2004, Vol.27 Issue 4 / 5, p.63-71.

35. How France's Potential Franchisees Reach Their Decisions: A Comparison with Franchisers' Perceptions. By: Guillox, Véronique; Gauzente, Claire; Kalika, Michel; Dubost, Nathalie. Journal of Small Business Management, Apr2004, Vol.42 Issue 2, p.218-224, Cited References (15)

36. Intra, Extra, and Internets in Franchise Network Organizations. By: Paswan, Audhesh K.; Wittmann, C. Michael; Young, Joyce A.. Journal of Business-to-Business Marketing, 2004, Vol.11 Issue 1 / 2, p.103-127, Cited References (68)

37. The Effect of Franchisors' Communication, Service Assistance, and Competitive Advantage on Franchisees' Intentions to Remain in the Franchise System. By: Chiou, J y h-Shen; Hsieh, Chia-Hung; Yang, Ching-Hsien. Journal of Small Business Management, Jan2004, Vol.42 Issue 1, p.19-36, Cited References (67)

38. Property rights, productivity, and the nature of noncontractible actions in a franchise system. By: Hennessy, David A.. Journal of Economic Behavior & Organization, Dec2003, Vol.52 Issue 4, p.443-468.

39. Measuring franchisees' satisfaction: theoretical considerations and empirical testing. By: Gauzente, Claire. International Journal of Retail & Distribution Management, 2003, Vol.31 Issue 10, p.508-517, Cited References (43)

40. Does the Franchiser Provide Value to Franchisees? Past, Current, and Future Value Assessments of Two Franchisee Types. By: Grünhagen, Marko; Dorsch, Michael J.. Journal of Small Business Management, Oct2003, Vol.41 Issue 4, p.366-384, Cited References (66)

41. Payment Types and Number of Franchisees. By: Yung-Ho Chiu; Jin-Li Hu. Service Industries Journal, Sep2003, Vol.23 Issue 4, p.42-60, Cited References (37)

42. A Franchise: A Resource-Rich Small Service Firm? By: Morrison, Alison; Lashley, Conrad. Service Industries Journal, Sep2003, Vol.23 Issue 4, p.135-149, Cited References (48)

43. Managing the franchised brand: The franchisees' perspective. By: Pitt, Leyland; Napoli, Julie; Van Der Merwe, Rian. Journal of Brand Management, Aug2003, Vol.10 Issue 6, p.411-420, Cited References (33)

44. The Economics of Litigation and Arbitration: An Application to Franchise Contracts. By: Drahozal, Christopher R.; Hylton, Keith N.. Journal of Legal Studies, Jun2003, Vol.32 Issue 2, p.549-684, Cited References (33)

45. Hostages, marginal deterrence and franchise contracts. By: Dnes, Antony W.. Journal of Corporate Finance, Jun2003, Vol.9 Issue 3, p.317-331.

46. Structural and strategic dynamics in franchising. By: Dant, Rajiv P.; Kaufmann, Patrick J.. Journal of Retailing, Summer2003, Vol.79 Issue 2, p.63-75, Cited References (54)

47. Franchise turnover and failure: New research and perspectives. By: Holmberg, Stevan R.; Morgan, Kathryn Boe. Journal of Business Venturing, May2003, Vol.18 Issue 3, p.403-418, Cited References (43)

48. Servicing customers directly: Mobile franchising arrangements in Australia. By: Chow, Lilly; Frazer, Lorelle. European Journal of Marketing, 2003, Vol.37 Issue 3 / 4, p.594-613, Cited References (45)

49. FRANCHISING FRAUD: THE CONTINUING NEED FOR REFORM. By: Burke, Debra; Abel II, E. Malcolm. American Business Law Journal, Winter2003, Vol.40 Issue 2, p.355-384, Cited References (46)

50. An Analysis of UK Franchise Contracting 1989-1999. By: Seaton, Jonathan S.. Managerial & Decision Economics, Jan / Feb2003, Vol.24 Issue 1, p.25-34, Cited References (12)

51. Royalty Rates and Upfront Fees in Share Contracts: Evidence from Franchising. By: Brickley, James A.. Journal of Law, Economics & Organization, Oct2002, Vol.18 Issue 2, p.511-535,

52. Outlet Ownership in Franchising Systems: An Agency Based Approach. By: Seshadri, Sudhindra. Managerial & Decision Economics, Sep2002, Vol.23 Issue 6, p.355-369.

53. Franchise disclosure and UNIDROIT: The search for international uniformity. By: Zumbo, Frank. Australian Business Law Review, Aug2002, Vol.30 Issue 4, p.315-322.

54. Can a franchise chain coordinate? By: Michael, Steven C.. Journal of Business Venturing, Jul2002, Vol.17 Issue 4, p.325-342.

55. An empirical study on contractual heterogeneity within the firm: the 'vertical integration-franchise contracts' mix. By: Affuso, Luisa. Applied Economics, 5 / 20 / 2002, Vol.34 Issue 8, p.931-944.

56. Franchising, retailing and the development of e-commerce. International Journal of Retail & Distribution Management, 2002, Vol.30 Issue 5, p.228-237.

57. International retail franchising: a conceptual framework. International Journal of Retail & Distribution Management, 2002, Vol.30 Issue 5, p.264-276.

58. Strategic and Contextual Influences on Firm Growth: An Empirical Study of

Franchisors. By: Castrogiovanni, Gary J.; Justis, Robert T.. Journal of Small Business Management, Apr2002, Vol.40 Issue 2, p.98-109.

59. THE EFFECT OF STRATEGIC MOTIVES ON THE CHOICE OF ENTRY MODES: AN EMPIRICAL TEST OF INTERNATIONAL FRANCHISERS. By: Yong Suhk Pak. Multinational Business Review, Spring2002, Vol.10 Issue 1, p.28-36.

60. Causes of disruption to franchise operations. By: Frazer, Lorelle. Journal of Business Research, Dec2001, Vol.54 Issue 3, p.227-234.

61. The pricing of franchise rights. By: Kaufmann, Patrick J.; Dant, Rajiv P.. Journal of Retailing, Winter2001, Vol.77 Issue 4, p.537-548. Cited References (21)

62. The fee structure in franchising: a property rights view. By: Windsperger, Josef. Economics Letters, Nov2001, Vol.73 Issue 2, p.219-226.

63. Reviewing the 2001 Franchising Code of Conduct amendments. By: Zumbo, Frank. Australian Business Law Review, Oct2001, Vol.29 Issue 5, p.435-441.

64. Innovation in service internationalization: the crucial role of the frantrepreneur. By: Sundbo, Jon; Johnston, Robert; Mattsson, Jan; Millett, Bruce. Entrepreneurship & Regional Development, Jul-Sep2001, Vol.13 Issue 3, p.247-267, Cited References (71)

65. EXTENDING THE FEDERAL FRANCHISE TO THE COMMONWEALTH OF PUERTO RICO: IGUARTA DE LA ROSA v. UNITED STATES. By: Janicker, Arnold J.. St. John's Law Review, Summer2001, Vol.75 Issue 3, p.509-545.

66. The Use of Franchising by U.S.-Based Retailers. By: Alon, Ilan. Journal of Small Business Management, Apr2001, Vol.39 Issue 2, p.111-122.

67. A Location Based Theory of Franchising. By: Chaudhuri, Ananish; Ghosh, Parikshit; Spell, Chester. Journal of Business & Economic Studies, Spring2001, Vol.7 Issue 1, p.54-68.

68. How many franchises in a market? By: Rysman, Marc. International Journal of Industrial Organization, Mar2001, Vol.19 Issue 3 / 4, p.519-543.

69. Unravelling the Evidence on Franchise System Survivability. By: Stanworth, John; Purdy, David; English, Wilke; Willems, Jo. Enterprise & Innovation Management

Studies, Jan2001, Vol.2 Issue 1, p.49-64.

70. Implied good faith and unconscionability in franchises: moving towards relational contract theory. By: Corones, Stephen; Zumbo, Frank. Australian Business Law Review, Dec2000, Vol.28 Issue 6, p.462-468.

71. Foreign Market Servicing Strategies of UK Franchisors: An Empirical Enquiry from a Transactions Cost Perspective. By: Burton, Fred; Cross, Adam R.; Rhodes, Mark. Management International Review (MIR), 2000 4th Quarter, Vol.40 Issue 4, p.373-400.

72. Alternative Profitability Measures and Marketing Channel Structure: The Franchise Decision. By: Kaufmann, Patrick J.; Gordon, Richard M.; Owers, James E.. Journal of Business Research, Nov2000, Vol.50 Issue 2, p.217-224.

73. The effect of organizational form on quality: The case of franchising. By: Michael, Steven C.. Journal of Economic Behavior & Organization, Nov2000, Vol.43 Issue 3, p.295-320,

74. Plural forms in store networks: a model for store network evolution. By: Cliquet, Gérard. International Review of Retail, Distribution & Consumer Research, Oct2000, Vol.10 Issue 4, p.369-387, Cited References (43)

75. Examining strategic and economic development implications of globalising through franchising. By: Teegen, Hildy. International Business Review, Aug2000, Vol.9 Issue 4, p.497-524.

76. The Extent, Motivation, and Effect of Tying in Franchise Contracts. By: Michael, Steven C.. Managerial & Decision Economics, Jul/Aug2000, Vol.21 Issue 5, p.191-201.

77. Corporate insurance with optimal financial contracting. By: Caillaud, Bernard; Dionne, Georges; Jullien, Bruno. Economic Theory, 2000, Vol.16 Issue 1, p.77-106.

78. Power and control in international retail franchising. By: Quinn, Barry; Doherty, Anne Marie. International Marketing Review, 2000, Vol.17 Issue 4/5, p.354-373.

79. INVESTMENTS TO CREATE BARGAINING POWER: THE CASE OF FRANCHISING. By: Michael, Steven C.. Strategic Management Journal, Apr2000, Vol.21 Issue 4, p.497-515.

80. CONTRACT MIXING IN FRANCHISING AS A MECHANISM FOR PUBLIC-GOOD PROVISION. By: Chong-En Bai; Zhigang Tao. Journal of Economics & Management Strategy, Spring2000, Vol.9 Issue 1, p.85-113, Cited References (24)

부록 2

가맹사업거래의 공정화에 관한 법률

법률 제6704호 신규제정 2002. 05. 13.
법률 제7109호 일부개정 2004. 01. 20.
법률 제7315호 일부개정(독점규제및공정거래에관한법률) 2004. 12. 31.
법률 제7796호(국가공무원법) 일부개정 2005. 12. 29.

제1장 총 칙

제1조 (목적) 이 법은 가맹사업의 공정한 거래질서를 확립하고 가맹본부와 가맹점사
업자가 대등한 지위에서 상호보완적으로 균형 있게 발전하도록 함으로써 소비
자 복지의 증진과 국민경제의 건전한 발전에 이바지함을 목적으로 한다.

제2조 (정의) 이 법에서 사용하는 용어의 정의는 다음과 같다.
1. "가맹사업"이라 함은 가맹본부가 가맹점사업자로 하여금 자기의 상표·서비
스표·상호·간판 그 밖의 영업표지(이하 "영업표지"라 한다)를 사용하
여 일정한 품질기준에 따라 상품(원재료 및 부재료를 포함한다. 이하 같
다) 또는 용역을 판매하도록 함과 아울러 이에 따른 경영 및 영업활동
등에 대한 지원·교육과 통제를 하며, 가맹점사업자는 영업표지의 사용
과 경영 및 영업활동 등에 대한 지원·교육의 대가로 가맹본부에 가맹
금을 지급하는 계속적인 거래관계를 말한다.

2. "가맹본부"라 함은 가맹사업과 관련하여 가맹점사업자에게 가맹점운영권을 부여하는 사업자를 말한다.

3. "가맹점사업자"라 함은 가맹사업과 관련하여 가맹본부로부터 가맹점운영권을 부여받은 사업자를 말한다.

4. "가맹희망자"라 함은 장래 가맹점을 운영할 목적으로 특정 가맹본부로 하여금 가맹점사업자의 부담, 영업활동의 조건 등 제10호의 정보공개서의 내용을 제공하도록 서면으로 신청하는 자를 말한다.

5. "가맹점운영권"이라 함은 가맹본부가 가맹계약에 의하여 가맹점사업자에게 가맹사업을 영위하도록 부여하는 권리를 말한다.

6. "가맹금"이라 함은 명칭이나 지급형태 여하에 불구하고 다음 각목의 1에 해당하는 금전으로서 대통령령이 정하는 것을 말한다.

　　가. 가맹점사업자가 가맹점운영권을 부여받을 당시에 영업표지의 사용허가와 영업활동에 관한 지원·교육 등의 대가로 가맹본부에게 지급하는 금전

　　나. 가맹점사업자가 상품의 판매대금 등에 관한 채무액 또는 손해배상액의 지급을 담보하기 위하여 가맹본부에게 지급하는 금전

　　다. 가맹점사업자가 가맹본부와의 계약에 의하여 승낙받은 영업표지의 사용과 영업활동에 관한 지원·교육 등의 대가로 가맹본부에게 정기적으로 지급하는 금전

7. "가맹지역본부"라 함은 가맹본부와의 계약에 의하여 일정한 지역 안에서 가맹점사업자의 모집, 상품 또는 용역의 품질유지, 가맹점사업자에 대한 경영 및 영업활동의 지원·교육·통제 등 가맹본부의 업무의 전부 또는 일부를 대행하는 사업자를 말한다.

8. "가맹중개인"이라 함은 가맹본부 또는 가맹지역본부로부터 가맹점사업자를 모집하거나 가맹계약을 준비 또는 체결하는 업무를 위탁받은 자를 말한다.

9. "가맹계약서"라 함은 가맹사업의 구체적 내용과 조건 등에 있어 가맹본부 또는 가맹점사업자(이하 "가맹사업당사자"라 한다)의 권리와 의무에 관한 사항을 기재한 문서를 말한다.

10. "정보공개서"라 함은 가맹본부의 사업현황, 임원의 경력, 가맹점사업자의 부담, 영업활동의 조건, 가맹점사업자에 대한 지원·교육·훈련·지도·

통제, 가맹계약의 해제·해지·갱신 그 밖에 해당 가맹사업에 관하여 대통령령이 정하는 사항을 수록하여 책자로 편철한 문서를 말한다.

제3조 (적용배제) 이 법은 다음 각호의 1에 해당하는 경우에는 적용하지 아니한다. 다만, 제9조 및 제10조의 규정의 경우에는 그러하지 아니하다.

    1. 가맹점사업자가 가맹금의 최초 지급일부터 6월까지의 기간 동안 가맹본부에게 지급한 가맹금의 총액이 대통령령이 정하는 금액을 초과하지 아니하는 경우

    2. 가맹본부의 연간 매출액이 대통령령이 정하는 일정규모 미만인 경우

제2장 가맹사업거래의 기본원칙

제4조 (신의성실의 원칙) 가맹사업당사자는 가맹사업을 영위함에 있어서 각자의 업무를 신의에 따라 성실하게 수행하여야 한다.

제5조 (가맹본부의 준수사항) 가맹본부는 다음 각호의 사항을 준수한다.

    1. 가맹사업의 성공을 위한 사업구상

    2. 상품이나 용역의 품질관리와 판매기법의 개발을 위한 계속적인 노력

    3. 가맹점사업자에 대하여 합리적 가격과 비용에 의한 점포설비의 설치, 상품 또는 용역 등의 공급

    4. 가맹점사업자와 그 직원에 대한 교육·훈련

    5. 가맹점사업자의 경영·영업활동에 대한 지속적인 조언과 지원

    6. 가맹계약기간 중 가맹점사업자의 영업지역 안에서 자기의 직영점을 설치하거나 가맹점사업자와 유사한 업종의 가맹점을 설치하는 행위의 금지

    7. 가맹점사업자와의 대화와 협상을 통한 분쟁해결 노력

제6조 (가맹점사업자의 준수사항) 가맹점사업자는 다음 각호의 사항을 준수한다.

    1. 가맹사업의 통일성 및 가맹본부의 명성을 유지하기 위한 노력

    2. 가맹본부의 공급계획과 소비자의 수요충족에 필요한 적정한 재고유지 및 상품진열

3. 가맹본부가 상품 또는 용역에 대하여 제시하는 적절한 품질기준의 준수

4. 제3호의 규정에 의한 품질기준의 상품 또는 용역을 구입하지 못하는 경우 가맹본부가 제공하는 상품 또는 용역의 사용

5. 가맹본부가 사업장의 설비와 외관, 운송수단에 대하여 제시하는 적절한 기준의 준수

6. 취급하는 상품·용역이나 영업활동을 변경하는 경우 가맹본부와의 사전 협의

7. 상품 및 용역의 구입과 판매에 관한 회계장부 등 가맹본부의 통일적 사업 경영 및 판매전략의 수립에 필요한 자료의 유지와 제공

8. 가맹점사업자의 업무현황 및 제7호의 규정에 의한 자료의 확인과 기록을 위한 가맹본부의 임직원 그 밖의 대리인의 사업장 출입허용

9. 가맹본부의 동의를 얻지 아니한 경우 사업장의 위치변경 또는 가맹점운영 권의 양도 금지

10. 가맹계약기간 중 가맹본부와 동일한 업종을 영위하는 행위의 금지

11. 가맹본부의 영업기술이나 영업비밀의 누설 금지

12. 영업표지에 대한 제3자의 침해사실을 인지하는 경우 가맹본부에 대한 영 업표지침해사실의 통보와 금지조치에 필요한 적절한 협력

제3장 가맹사업거래의 공정화

제7조 (정보공개서의 제공의무)

1. 가맹본부(가맹지역본부 또는 가맹중개인이 가맹점사업자를 모집하는 경우 에 이를 포함한다. 이하 같다)는 가맹희망자에게 다음 각호의 1에 해당하 는 시점 중 빠른 시점에 대통령령이 정하는 바에 따라 정보공개서를 제 공하여야 한다.

　　가. 가맹희망자가 가맹금을 최초로 지급하는 날부터 5일 전

　　나. 가맹희망자가 가맹계약을 체결하는 날부터 5일 전

2. 공정거래위원회는 대통령령이 정하는 바에 따라 정보공개서의 표준양식을 정하여 가맹본부 또는 가맹본부로 구성된 사업자단체에게 그 사용을 권 장할 수 있다.

제8조 (정보공개서의 갱신과 수정)

1. 가맹본부는 매 사업연도가 종료하는 날부터 90일 이내에 정보공개서를 갱신하여야 한다.

2. 가맹본부는 정보공개서의 내용 중 가맹점사업자의 부담, 영업활동의 조건 등 대통령령이 정하는 중요한 사항이 변경된 경우에는 변경되는 날부터 90일 이내에 정보공개서를 수정하여야 한다.

제9조 (허위·과장된 정보제공 등의 금지)

1. 가맹본부는 정보공개서를 작성·갱신·수정하거나 가맹희망자에게 정보의 내용을 표시·광고 또는 설명(영상자료를 제공하는 경우를 포함한다. 이하 같다)함에 있어서 허위 또는 과장된 정보를 제공하거나 제8조제2항에서 규정된 중요한 사항을 누락하여서는 아니 된다.

2. 가맹본부는 자기와 거래하는 가맹점사업자의 매출액·수익·매출·총이익·순이익 등 과거의 수익상황이나 장래의 예상수익상황에 관한 정보를 제공하는 경우에 공인회계사가 감사한 감사보고서 등 대통령령이 정하는 자료를 가맹본부의 사무소에 비치하여야 한다.

3. 가맹본부는 가맹희망자 또는 가맹점사업자가 제2항의 규정에 의한 자료의 제시를 요구하는 경우에는 이에 응하여야 한다.

제10조 (가맹금의 반환)

1. 가맹본부는 다음 각호의 1에 해당하는 경우에는 가맹희망자 또는 가맹점사업자의 요구가 있는 날부터 1월 이내에 제2조제6호가목 및 나목의 가맹금을 반환하여야 한다.

    가. 가맹본부가 제9조제1항의 규정에 의한 허위 또는 과장된 정보를 제공하거나 제8조제2항의 규정에 의한 중요한 사항을 누락한 것이 인정되어 가맹희망자가 가맹계약체결 전에 가맹금의 반환을 요구하는 경우

    나. 제9조제1항의 규정에 의한 허위 또는 과장된 정보나 제8조제2항의 규정에 의한 중요한 사항의 누락된 내용이 계약체결에 중대한 영향을 준 것으로 인정되어 해당 가맹점사업자가 가맹계약의 체결일부터 2월 이내에 가맹금의 반환을 요구하는 경우

　　다. 가맹본부가 정당한 사유 없이 가맹사업을 일방적으로 중단하고 해
　　　　당 가맹점사업자가 대통령령이 정하는 가맹사업의 중단일부터 2월
　　　　이내에 가맹금의 반환을 요구하는 경우. 이 경우 반환되는 가맹금
　　　　은 당해 계약기간 내에 지급한 것에 한한다.
　2. 제1항의 규정에 의하여 반환하는 가맹금의 금액을 정함에 있어서는 가맹
　　　계약의 체결경위, 지급된 금전의 성격, 가맹계약기간, 계약이행기간, 가맹
　　　사업당사자의 귀책정도 등을 고려하여야 한다.

제11조 (가맹계약서의 교부 등)
　1. 가맹본부는 가맹계약서(유의사항, 특수거래조건 등 가맹본부와 가맹점사업
　　　자의 권리와 의무사항을 기재한 문서를 포함한다. 이하 같다)를 가맹금의
　　　최초 수령일 전에 미리 가맹희망자에게 교부하여야 한다.
　2. 가맹계약서는 다음 각호의 사항을 포함하여야 한다.
　　　가. 영업표지의 사용권 부여에 관한 사항
　　　나. 가맹점사업자의 영업활동 조건에 관한 사항
　　　다. 가맹점사업자에 대한 교육 · 훈련, 경영지도에 관한 사항
　　　라. 가맹금 등의 금전지급 내용에 관한 사항
　　　마. 영업지역의 설정에 관한 사항
　　　바. 계약기간에 관한 사항
　　　사. 영업의 양도에 관한 사항
　　　아. 계약해지의 사유에 관한 사항
　　　카. 그 밖에 가맹사업당사자의 권리 · 의무에 관한 사항으로서 대통령령
　　　　　이 정하는 사항
　3. 가맹본부는 가맹계약서를 가맹사업의 거래가 종료된 날부터 3년간 보관하
　　　여야 한다.
　4. 공정거래위원회는 가맹본부에게 건전한 가맹사업거래질서를 확립하고 불
　　　공정한 내용의 가맹계약이 통용되는 것을 방지하기 위하여 일정한 가맹
　　　사업거래에서 표준이 되는 가맹계약서의 작성 및 사용을 권장할 수 있다.

제12조 (불공정거래행위의 금지)
　1. 가맹본부는 다음 각호의 1에 해당하는 행위로서 가맹사업의 공정한 거래

를 저해할 우려가 있는 행위를 하거나 다른 사업자로 하여금 이를 행하
도록 하여서는 아니 된다.

　　가. 가맹점사업자에 대하여 상품이나 용역의 공급 또는 영업의 지원 등
　　　　을 부당하게 중단 또는 거절하거나 그 내용을 현저히 제한하는 행위
　　나. 가맹점사업자가 취급하는 상품 또는 용역의 가격, 거래상대방, 거래지역
　　　　이나 가맹점사업자의 사업 활동을 부당하게 구속하거나 제한하는 행위
　　다. 거래상의 지위를 이용하여 부당하게 가맹점사업자에게 불이익을 주
　　　　는 행위
　　라. 제1호 내지 제3호 외의 행위로서 부당하게 경쟁가맹본부의 가맹점
　　　　사업자를 자기와 거래하도록 유인하는 행위 등 가맹사업의 공정한
　　　　거래를 저해할 우려가 있는 행위
　2. 제1항 각호의 규정에 의한 행위의 유형 또는 기준은 대통령령으로 정한다.

제13조 (가맹계약 종료사실의 통지 등)

　1. 가맹본부가 가맹계약을 갱신 또는 연장하지 아니하는 경우에는 계약이 만
　　료되는 날부터 90일 전에 가맹점사업자에게 그 사실을 서면으로 통지하
　　여야 한다.
　2. 가맹본부가 제1항의 규정에 의한 통지를 하지 아니하는 경우에는 계약만
　　료 전의 가맹계약과 동일한 조건으로 다시 가맹계약을 체결한 것으로 본
　　다. 다만, 가맹점사업자가 계약이 만료되는 날부터 60일 전에 이의를 제
　　기하거나 가맹본부나 가맹점사업자에게 천재지변 등 대통령령이 정하는
　　부득이한 사유가 있는 경우에는 그러하지 아니하다.

제14조 (가맹계약해지의 제한)

　1. 가맹본부는 가맹계약서에서 정한 가맹계약해지의 사유가 발생하여 가맹계
　　약을 해지하고자 하는 경우에는 해당 가맹점사업자에게 계약을 해지하는
　　날부터 2월 이상의 유예기간을 두고 3회 이상 계약해지의 사유를 기재한
　　문서로서 그 시정을 요구하여야 한다. 다만, 가맹사업의 거래를 지속하기
　　어려운 경우로서 대통령령이 정하는 경우에는 그러하지 아니하다.
　2. 제1항의 규정에 의한 절차를 거치지 아니한 가맹계약의 해지는 그 효력이
　　없다.

제15조 (자율규약)

1. 가맹본부 또는 가맹본부를 구성원으로 하는 사업자단체는 가맹사업의 공정한 거래질서를 유지하기 위하여 자율적으로 규약을 정할 수 있다.

2. 가맹본부 또는 가맹본부를 구성원으로 하는 사업자단체는 제1항의 규정에 의하여 자율규약을 정하고자 하는 경우 그 규약이 제12조제1항의 규정에 위반하는 지에 대한 심사를 공정거래위원회에 요청할 수 있다.

3. 공정거래위원회는 제2항의 규정에 의하여 자율규약의 심사를 요청받은 때에는 그 요청을 받은 날부터 60일 이내에 심사결과를 신청인에게 통보하여야 한다.

제4장 분쟁의 조정 등

제16조 (가맹사업거래분쟁조정협의회의 설치)

1. 가맹사업당사자의 분쟁을 자율적으로 조정하기 위하여 대통령령이 정하는 사업자단체에 가맹사업거래분쟁조정협의회(이하 "협의회"라 한다)를 둔다.

2. 제1항의 사업자단체는 사단법인으로서 이 법의 규정에 관한 업무와의 관련성, 사업자단체의 활동에 직접 참여하는 사업자 수, 분쟁조정업무를 수행하는 데 필요한 능력 등을 갖춘 자에 한한다.

제17조 (협의회의 구성)

1. 협의회는 위원장 1인을 포함한 9인의 위원으로 구성한다.

2. 위원은 공익을 대표하는 위원, 가맹본부의 이익을 대표하는 위원, 가맹점사업자의 이익을 대표하는 위원으로 구분하되 각각 동수로 한다.

3. 위원은 제16조제1항의 규정에 의한 사업자단체의 장이 추천한 자와 다음 각호의 1에 해당하는 자 중 공정거래위원회가 임명 또는 위촉하는 자가 된다. [개정 2005.12.29 제7796호(국가공무원법)]

   가. 대학에서 법률학·경제학·경영학을 전공한 자로서 고등교육법에 의한 대학이나 공인된 연구기관에서 부교수 이상의 직에 있거나 있었던 자 또는 이에 상당하는 직에 10년 이상 있거나 있었던 자

   나. 판사·검사 또는 변호사의 직에 10년 이상 있거나 있었던 자

다. 독점금지 및 공정거래업무에 관한 경험이 있는 3급 이상의 공무원 또는 고위공무원단에 속하는 일반직공무원의 직에 있거나 있었던 자 [[시행일 2006.7.1]]

4. 위원장은 공익을 대표하는 위원 중에서 공정거래위원회가 위촉한다.

5. 위원의 임기는 3년으로 하고 연임할 수 있다.

6. 위원 중 결원이 생긴 때에는 제3항의 규정에 의하여 보궐위원을 위촉하여야 하며, 그 보궐위원의 임기는 전임자의 잔임기간으로 한다.

제18조 (공익을 대표하는 위원의 위촉제한)

1. 공익을 대표하는 위원은 위촉일 현재 가맹본부 또는 가맹점사업자의 임원·직원으로 있는 자 중에서 위촉될 수 없다.

2. 공정거래위원회는 공익을 대표하는 위원으로 위촉받은 자가 가맹본부 또는 가맹점사업자의 임원·직원으로 된 때에는 즉시 해촉하여야 한다.

제19조 (협의회의 회의)

1. 위원장은 협의회의 회의를 소집하고 그 의장이 된다.

2. 협의회는 재적의원의 과반수 출석으로 개의하고 출석의원의 과반수 찬성으로 의결한다.

3. 위원장이 사고로 직무를 수행할 수 없을 때에는 공익을 대표하는 위원 중에서 공정거래위원회가 지명하는 위원이 그 직무를 대행한다.

4. 조정의 대상이 된 분쟁의 당사자인 가맹사업당사자(이하 "분쟁당사자"라 한다)는 협의회의 회의에 출석하여 의견을 진술하거나 관계자료를 제출할 수 있다.

제20조 (위원의 제척·기피·회피)

1. 위원은 다음 각호의 1에 해당하는 경우에는 당해 조정사항의 조정에서 제척된다.

　　가. 위원 또는 그 배우자나 배우자였던 자가 당해 조정사항의 분쟁당사자가 되거나 공동권리자 또는 의무자의 관계에 있는 경우

　　나. 위원이 당해 조정사항의 분쟁당사자와 친족관계에 있거나 있었던 경우

　　다. 위원 또는 위원이 속한 법인이 분쟁당사자의 법률·경영 등에 대하

여 자문이나 고문의 역할을 하고 있는 경우

　　라. 위원 또는 위원이 속한 법인이 당해 조정사항에 대하여 분쟁당사자의 대리인으로 관여하거나 관여하였던 경우 및 증언 또는 감정을 한 경우

2. 분쟁당사자는 위원에게 협의회의 조정에 공정을 기하기 어려운 사정이 있는 때에 협의회에 당해 위원에 대한 기피신청을 할 수 있다.

3. 위원이 제1항 또는 제2항의 사유에 해당하는 경우에는 스스로 당해 조정사항의 조정에서 회피할 수 있다.

제21조 (협의회의 조정사항) 협의회는 공정거래위원회 또는 분쟁당사자가 요청하는 가맹사업거래의 분쟁에 관한 사항을 조정한다.

제22조 (조정의 신청 등)

1. 분쟁당사자는 제21조의 규정에 의하여 협의회에 대통령령이 정하는 사항이 기재된 서면으로 그 조정을 신청할 수 있다.

2. 공정거래위원회는 가맹사업거래의 분쟁에 관한 사건에 대하여 협의회에 그 조정을 의뢰할 수 있다.

3. 협의회는 제1항의 규정에 의하여 조정을 신청받은 때에는 즉시 그 조정사항을 분쟁당사자에게 통지하고 공정거래위원회에 보고하여야 한다.

제23조 (조정 등)

1. 협의회는 분쟁당사자에게 조정사항에 대하여 스스로 조정하도록 권고하거나 조정안을 작성하여 이를 제시할 수 있다.

2. 협의회는 다음 각호의 1에 해당되는 경우에는 그 조정을 거부하거나 중지할 수 있다.

　　가. 분쟁당사자의 일방이 조정을 거부한 경우

　　나. 이미 법원에 소를 제기하였거나 조정의 신청이 있은 후 법원에 소를 제기한 경우

　　다. 신청의 내용이 관계법령 또는 객관적인 자료에 의하여 명백하게 인정되는 등 조정을 할 실익이 없는 것으로서 대통령령이 정하는 사항이 발생하는 경우

3. 협의회는 다음 각호의 1에 해당되는 경우에는 조정절차를 종료하여야 한다.

    가. 분쟁당사자가 협의회의 권고 또는 조정안을 수락하거나 스스로 조정하는 등 조정이 성립된 경우

    나. 조정을 신청 또는 의뢰받은 날부터 60일이 경과하여도 조정이 성립하지 아니한 경우

    다. 제2항의 규정에 의하여 조정이 중지된 경우로서 조정절차를 진행할 실익이 없는 경우

4. 협의회는 제2항의 규정에 의하여 조정을 거부 또는 중지하거나 제3항의 규정에 의하여 조정절차를 종료한 경우에는 대통령령이 정하는 바에 따라 공정거래위원회에 조정의 경위, 조정거부·중지 또는 종료의 사유 등과 관계서류를 서면으로 지체 없이 보고하여야 하고 분쟁당사자에게 그 사실을 통보하여야 한다.

5. 협의회는 당해 조정사항에 관한 사실을 확인하기 위하여 필요한 경우 조사를 하거나 분쟁당사자에 대하여 관련자료의 제출이나 출석을 요구할 수 있다.

6. 공정거래위원회는 조정사항에 관하여 조정절차가 종료될 때까지 당해 분쟁당사자에게 시정조치를 권고하거나 명하여서는 아니 된다. 다만, 공정거래위원회가 이미 제32조의 규정에 의하여 조사 중인 사건에 대하여는 그러하지 아니하다.

제24조 (조정조서의 작성과 그 효력)

1. 협의회는 조정사항에 대하여 조정이 성립된 경우 조정에 참가한 위원과 분쟁당사자가 기명날인한 조정조서를 작성한다. 이 경우 분쟁당사자 간에 조정조서와 동일한 내용의 합의가 성립된 것으로 본다.

2. 협의회는 분쟁당사자가 조정절차를 개시하기 전에 조정사항을 스스로 조정하고 조정조서의 작성을 요구하는 경우에는 그 조정조서를 작성할 수 있다.

제25조 (협의회의 조직 등에 관한 규정)제16조 내지 제24조의 규정 외에 협의회의 조직·운영·조정절차 등에 관하여 필요한 사항은 대통령령으로 정한다.

제26조 (경비보조) 공정거래위원회는 제16조의 규정에 의하여 협의회를 설치하는 사업자단체에 대하여 협의회의 운영에 필요한 경비의 전부 또는 일부를 보조할 수 있다.

제27조 (가맹사업거래상담사)

1. 공정거래위원회가 실시하는 가맹사업거래상담사(이하 "상담사"라 한다) 자격시험에 합격한 후 대통령령이 정하는 바에 따라 실무수습을 마친 자는 상담사의 자격을 가진다. [개정 2004.1.20]

2. 다음 각호의 1에 해당하는 자는 상담사가 될 수 없다.

　가. 미성년자·금치산자 또는 한정치산자

　나. 파산선고를 받고 복권되지 아니한 자

　다. 금고 이상의 실형의 선고를 받고 그 집행이 종료(종료된 것으로 보는 경우를 포함한다)되거나 집행을 받지 아니하기로 확정된 후 2년이 경과되지 아니한 자

　라. 금고 이상의 형의 집행유예를 받고 그 집행유예기간 중에 있는 자

　마. 제31조의 규정에 의하여 상담사의 등록이 취소된 날부터 2년이 경과되지 아니한 자

3. 상담사 자격시험의 시험과목·시험방법, 실무수습의 기간 등 자격시험 및 실무수습에 관하여 필요한 사항은 대통령령으로 정한다. [신설 2004.1.20]

제28조 (상담사의 업무) 상담사는 다음 각호의 사항에 관하여 상담한다.

1. 가맹사업의 사업성 검토에 관한 사항

2. 정보공개서와 가맹계약서의 작성 및 수정에 관한 사항

3. 가맹점사업자의 부담, 가맹사업 영업활동의 조건 등에 관한 사항

4. 가맹사업당사자에 대한 교육·지도에 관한 사항

제29조 (상담사의 등록)

1. 상담사의 자격이 있는 자가 제28조의 규정에 의한 상담사의 업무를 개시하고자 하는 경우에는 대통령령이 정하는 바에 따라 공정거래위원회에 등록하여야 한다. [개정 2004.1.20]

2. 제1항의 규정에 의하여 등록을 한 상담사는 공정거래위원회가 정하는 바

에 따라 5년마다 등록을 갱신하여야 한다.

3. 제1항의 규정에 의하여 등록을 한 상담사가 아닌 자는 제27조의 규정에 의한 상담사임을 표시하거나 이와 유사한 용어를 사용하여서는 아니 된다.

제30조 (상담사의 책임)

1. 상담사는 성실히 직무를 수행하며 품위를 유지하여야 한다.

2. 상담사는 직무를 수행함에 있어서 고의로 진실을 감추거나 허위의 보고를 하여서는 아니 된다.

제31조 (등록취소 및 자격정지)

1. 공정거래위원회는 제29조의 규정에 의하여 등록을 한 상담사가 다음 각호의 1에 해당하는 경우에는 그 등록을 취소할 수 있다. 다만, 제1호 및 제2호에 해당하는 경우에는 그 등록을 취소하여야 한다.

　가. 허위 그 밖의 부정한 방법으로 등록 또는 갱신등록을 한 경우

　나. 제27조제2항의 규정에 의한 결격사유에 해당하게 된 경우

　다. 상담과 관련하여 알게 된 비밀을 다른 사람에게 누설한 경우

　라. 상담사 등록증을 다른 사람에게 대여한 경우

　마. 상담과 관련하여 고의 또는 중대한 과실로 다른 사람에게 중대한 손해를 입힌 경우

2. 제29조제2항의 규정에 의한 갱신등록을 하지 아니한 상담사는 그 자격이 정지된다. 이 경우 공정거래위원회가 고시로서 정하는 바에 따라 보수교육을 받고 갱신등록을 한 때에는 그때부터 자격이 회복된다.

제5장 공정거래위원회의 사건처리절차 등

제32조 (조사개시대상행위의 제한) 이 법의 규정에 의하여 공정거래위원회의 조사개시대상이 되는 가맹사업거래는 그 거래가 종료된 날부터 3년을 경과하지 아니한 것에 한한다. 다만, 그 거래가 종료된 날부터 3년 이내에 신고된 가맹사업거래의 경우에는 그러하지 아니하다.

제33조 (시정조치)

1. 공정거래위원회는 제7조제1항, 제8조, 제9조, 제10조제1항, 제11조제1항 내지 제3항, 제12조제1항의 규정을 위반한 가맹본부에 대하여 정보공개서의 제공 또는 수정, 가맹금 반환, 위반행위의 중지, 위반내용의 시정을 위한 필요한 계획 또는 행위의 보고 그밖에 당해 위반행위의 시정에 필요한 조치를 명할 수 있다.

2. 공정거래위원회는 제24조의 규정에 의하여 협의회의 조정이 이루어진 경우에는 특별한 사유가 없는 한 제1항의 규정에 의한 시정조치 및 제34조제1항의 규정에 의한 시정권고를 하지 아니한다.

3. 공정거래위원회는 제1항의 규정에 의하여 시정명령을 하는 경우에는 가맹본부에게 시정명령을 받았다는 사실을 공표하거나 거래상대방에 대하여 통지할 것을 명할 수 있다.

제34조 (시정권고)

1. 공정거래위원회는 이 법의 규정을 위반한 가맹본부에 대하여 제33조의 규정에 의한 시정조치를 명할 시간적 여유가 없는 경우에는 대통령령이 정하는 바에 따라 시정방안을 마련하여 이에 따를 것을 권고할 수 있다. 이 경우 당해 권고를 수락한 때에는 시정조치를 한 것으로 본다는 뜻을 함께 통지하여야 한다.

2. 제1항의 규정에 의한 권고를 받은 가맹본부는 당해 권고를 통지받은 날부터 10일 이내에 이를 수락하는지의 여부에 관하여 공정거래위원회에 통지하여야 한다.

3. 제1항의 규정에 의한 권고를 받은 가맹본부가 당해 권고를 수락한 때에는 제33조의 규정에 의한 시정조치를 받은 것으로 본다.

제35조 (과징금) 공정거래위원회는 제7조제1항, 제8조, 제9조, 제10조제1항, 제11조제1항 내지 제3항, 제12조제1항의 규정을 위반한 가맹본부에 대하여 대통령령이 정하는 매출액에 100분의 2를 곱한 금액을 초과하지 아니하는 범위 안에서 과징금을 부과할 수 있다.

제36조 (관계행정기관의 장의 협조) 공정거래위원회는 이 법의 시행을 위하여 필요

하다고 인정하는 때에는 관계행정기관의 장의 의견을 듣거나 관계행정기관의 장에 대하여 조사를 위한 인원의 지원 그 밖의 필요한 협조를 요청할 수 있다.

제37조 (독점규제및공정거래에관한법률의 준용)
1. 이 법에 의한 공정거래위원회의 조사·심의·의결 및 시정권고에 관하여는 독점규제및공정거래에관한법률 제42조, 제43조, 제43조의2, 제44조, 제45조, 제49조제1항 내지 제3항, 제50조제1항 내지 제4항, 제52조, 제52조의2, 제53조, 제53조의2 및 제55조의2의 규정을 준용한다.
2. 이 법에 의한 과징금의 부과·징수에 관하여는 독점규제및공정거래에관한법률 제55조의3 내지 제55조의7의 규정을 준용한다.
3. 이 법에 의한 이의신청, 소의 제기 및 불복의 소의 전속관할, 손해배상에 관하여는 독점규제및공정거래에관한법률 제53조, 제53조의2, 제54조, 제55조, 제56조, 제56조의2, 제57조의 규정을 준용한다. 다만, 독점규제및공정거래에관한법률 제56조, 제56조의2 및 제57조의 규정은 사업자 또는 사업자단체가 행한 법률위반의 정도가 경미하거나 이미 스스로 위반행위를 시정한 결과 시정조치의 실익이 없는 경우 등 대통령령이 정하는 경우에는 준용하지 아니한다.
4. 이 법에 의한 직무에 종사하거나 종사하였던 공정거래위원회의 위원, 공무원 또는 협의회에서 가맹사업거래에 관한 분쟁의 조정업무를 담당하거나 담당하였던 자에 대하여는 독점규제및공정거래에관한법률 제62조의 규정을 준용한다.
5. 이 법에 의한 과태료의 부과·징수 등의 절차에 관하여는 독점규제및공정거래에관한법률 제69조의2제3항 내지 제6항의 규정을 준용한다.

제38조 (독점규제및공정거래에관한법률과의 관계) 가맹사업거래에 관하여 이 법의 적용을 받는 사항에 대하여는 독점규제및공정거래에관한법률 제23조제1항 제1호(부당하게 거래를 거절하는 행위에 한한다)·제3호(부당하게 경쟁자의 고객을 자기와 거래하도록 유인하는 행위에 한한다)·제4호·제5호(거래의 상대방의 사업 활동을 부당하게 구속하는 조건으로 거래하는 행위에 한한다) 및 동법 제29조제1항의 규정을 적용하지 아니한다.

제39조 (권한의 위임과 위탁)

1. 이 법에 의한 공정거래위원회의 권한은 그 일부를 대통령령이 정하는 바에 따라 소속기관의 장이나 특별시장, 광역시장 또는 도지사에게 위임하거나 다른 행정기관의 장에게 위탁할 수 있다.

2. 공정거래위원회는 제27조제1항의 규정에 의한 상담사 자격시험 및 실무수습의 시행·관리 업무를 대통령령이 정하는 바에 따라 관련법인 또는 단체에 위탁할 수 있다. [신설 2004.1.20]

제40조 (보고) 공정거래위원회는 제39조의 규정에 의하여 위임 또는 위탁한 사무에 대하여 위임 또는 위탁받은 자에게 필요한 보고를 하게 할 수 있다.

제6장 벌칙

제41조 (벌칙)

1. 제9조제1항의 규정에 위반하여 허위·과장된 정보를 제공하거나 중요한 사항을 누락한 자는 5년 이하의 징역 또는 1억5천만 원 이하의 벌금에 처한다.

2. 다음 각호의 1에 해당하는 자는 3년 이하의 징역 또는 1억 원 이하의 벌금에 처한다.

    가. 제33조제1항의 규정에 의한 시정조치의 명령에 따르지 아니한 자

    나. 제37조제4항의 규정에 의하여 준용되는 독점규제및공정거래에관한법률 제62조의 규정에 위반한 자

3. 다음 각호의 1에 해당하는 자는 2년 이하의 징역 또는 5천만 원 이하의 벌금에 처한다.

    가. 제7조제1항의 규정에 위반하여 정보공개서를 제공하지 아니한 자

    나. 제8조의 규정에 위반하여 정보공개서의 갱신과 수정을 하지 아니한 자

제42조 (양벌규정) 법인의 대표자나 법인 또는 개인의 대리인·사용인 그 밖의 종업원이 그 법인 또는 개인의 업무에 관하여 제41조의 규정에 해당하는 위반행위를 한 때에는 행위자를 벌하는 외에 그 법인 또는 개인에 대하여도 동조 각항의 벌금형을 과한다.

제43조 (과태료)

1. 가맹본부가 제2호 또는 제3호의 규정에 해당하는 경우에는 1억 원 이하, 제1호의 규정에 해당하는 경우에는 5천만 원 이하의 과태료에 처한다.

   가. 제37조제1항의 규정에 의하여 준용되는 독점규제및공정거래에관한법률 제50조제1항제1호의 규정에 위반하여 정당한 사유 없이 2회 이상 출석하지 아니한 자

   나. 제37조제1항의 규정에 의하여 준용되는 독점규제및공정거래에관한법률 제50조제1항제3호 또는 동조제3항의 규정에 의한 보고 또는 필요한 자료나 물건의 제출을 정당한 사유 없이 하지 아니하거나, 허위의 보고 또는 자료나 물건을 제출한 자

   나. 제37조제1항의 규정에 의하여 준용되는 독점규제및공정거래에관한법률 제50조제2항의 규정에 의한 조사를 정당한 사유 없이 거부·방해 또는 기피한 자

2. 가맹점사업자가 제1항제2호 또는 제3호의 규정에 해당하는 경우에는 1억 원 이하, 동항제1호의 규정에 해당하는 경우에는 1천만 원 이하의 과태료에 처한다.

3. 가맹본부 또는 가맹점사업자의 임원이 각각 제1항제3호의 규정에 해당하는 경우에는 5천만 원 이하, 동항제1호 또는 제2호의 규정에 해당하는 경우에는 1천만 원 이하의 과태료에 처한다.

4. 가맹본부 또는 가맹점사업자의 종업원 또는 이에 준하는 법률상 이해관계에 있는 자가 각각 제1항제3호의 규정에 해당하는 경우에는 5천만 원 이하, 동항제2호의 규정에 해당하는 경우에는 1천만 원 이하, 동항제1호의 규정에 해당하는 경우에는 5백만 원 이하의 과태료에 처한다.

5. 제37조제1항의 규정에 의하여 준용되는 독점규제및공정거래에관한법률 제43조의2의 규정에 의한 질서유지명령에 응하지 아니한 자는 100만 원 이하의 과태료에 처한다.

6. 제9조제2항 및 제3항의 규정에 위반하여 근거자료를 비치하지 않거나 자료요구에 응하지 아니한 자는 1천만 원 이하의 과태료에 처한다.

7. 제29조제3항의 규정에 위반하여 상담사임을 표시하거나 유사한 용어를 사용한 자는 300만 원 이하의 과태료에 처한다.

제44조 (고발)

1. 제41조제1항·제2항제1호 및 제3항의 죄는 공정거래위원회의 고발이 있어야 공소를 제기할 수 있다.

2. 공정거래위원회는 제41조제1항·제2항제1호 및 제3항의 죄 중 그 위반의 정도가 객관적으로 명백하고 중대하다고 인정하는 경우에는 검찰총장에게 고발하여야 한다.

3. 검찰총장은 제2항의 규정에 의한 고발요건에 해당하는 사실이 있음을 공정거래위원회에 통보하여 고발을 요청할 수 있다. 공정거래위원회는 검찰총장의 고발요청이 있을 경우 이에 응하여야 한다.

4. 공정거래위원회는 공소가 제기된 후에는 고발을 취소하지 못한다.

부 칙

부칙 [2002.5.13 제6704호]

① (시행일) 이 법은 2002년 11월 1일부터 시행한다.

② (시정조치·과징금 및 벌칙에 관한 경과조치) 이 법 시행 전의 종전의 독점규제및공정거래에관한법률 제23조제1항제1호(부당하게 거래를 거절하는 행위에 한한다)·제3호(부당하게 경쟁자의 고객을 자기와 거래하도록 유인하는 행위에 한한다)·제4호·제5호(거래의 상대방의 사업 활동을 부당하게 구속하는 조건으로 거래하는 행위에 한한다) 및 동법 제29조제1항의 규정에 위반한 행위에 대한 시정조치·과징금 및 벌칙의 적용에 있어서는 동법의 규정에 의한다.

부칙 [2004.1.20 제7109호]

이 법은 공포한 날부터 시행한다.

부칙 [2004.12.31 제7315호(독점규제및공정거래에관한법률)]

제1조 (시행일) 이 법은 2005년 4월 1일부터 시행한다. <단서 생략>

제2조 내지 제9조 생략

제10조 (다른 법률의 개정)

① 가맹사업거래의공정화에관한법률 중 다음과 같이 개정한다.

제37조 제2항 중 "제55조의3 내지 제55조의6"을 "제55조의3 내지 제55조의7"로 한다.
　　② 내지 ⑤ 생략

부칙 [2005.12.29 제7796호(국가공무원법)]
제1조 (시행일) 이 법은 2006년 7월 1일부터 시행한다. 제2조 내지 제5조 생략
제6조 (다른 법률의 개정)
　　① 가맹사업거래의공정화에관한법률 일부를 다음과 같이 개정한다.
제17조 제3항제3호 중 "3급 이상의 공무원"을 "3급 이상의 공무원 또는 고위공무원
　　단에 속하는 일반직공무원"으로 한다.
　　② 내지 <68> 생략

부록 3

가맹사업거래의 공정화에 관한 법률 시행령

대통령령 제17773호 신규제정 2002. 11. 06.
대통령령 제18000호 일부개정 2003. 06. 13.
대통령령 제18331호 일부개정 2004. 03. 22.

제1조 (목적) 이 영은 가맹사업거래의공정화에관한법률에서 위임한 사항과 그 시행
  에 관하여 필요한 사항을 규정함을 목적으로 한다.

제2조 (가맹희망자의 정보제공신청)가맹사업거래의공정화에관한법률(이하 "법"이라
  한다) 제2조제4호의 규정에 의하여 정보공개서의 제공을 신청하고자 하는 자
  는 다음 각호의 사항이 포함된 서면으로 신청하여야 한다.
  1. 신청인의 성명·연령·성별·주소 및 전화번호
  2. 신청인의 직업·경력 및 투자가능금액
  3. 피신청 가맹본부의 영업비밀 또는 사업에 대한 중요사항을 유출하지 아니
     하겠다는 약속
  4. 신청인의 서명 또는 기명날인

제3조 (가맹금의 정의)
  1. 법 제2조제6호 각목 외의 부분에서 "대통령령이 정하는 것"이라 함은 다
     음 각호의 1에 해당하는 금전을 말한다.
     가. 가맹점사업자가 가맹점운영권을 부여받을 당시에 영업표지의 사용허

가와 영업활동에 관한 지원·교육 등의 대가로 가맹본부에 지급하는 다음 각목의 1에 해당하는 금전

㉮ 개시지급금: 가입비·입회비·가맹비 또는 계약금 등 그 명칭여하에 불구하고 가맹희망자 또는 가맹점사업자가 가맹점운영권을 부여받기 위하여 가맹본부에 지급하는 금전

㉯ 가맹점사업자가 사업을 착수하기 위하여 가맹본부로부터 공급받는 정착물·설비·원자재 또는 가맹사업을 운영하기 위하여 최초로 가맹점사업자에게 인도되는 물품의 가격 또는 부동산의 임차료 명목으로 가맹본부에 지급하는 금전 중 적정한 도매가격(도매가격이 형성되지 아니하는 경우에는 가맹점사업자가 정상적인 거래관계를 통하여 해당 물품 또는 용역을 구입·임차·교환할 수 있는 가격을 포함한다. 이하 같다)을 초과하는 금전

가. 계약이행보증금: 가맹보증금·보증금 등 명칭여하에 불구하고 가맹점사업자가 상품의 판매대금이나 자재대금 등에 관한 채무액 또는 손해배상액의 지급을 담보하기 위하여 가맹본부에 지급하는 금전

나. 가맹점사업자가 가맹본부와의 계약에 의하여 승낙받은 영업표지의 사용과 영업활동에 관한 지원·교육 등의 대가로 가맹본부에 정기적으로 지급하는 다음 각목의 1에 해당하는 금전

㉮ 정기지급금: 가맹점사업자가 상표사용료·리스료·광고분담금·지도훈련비·간판류임차료 등의 명목으로 가맹본부에 정기적으로 지급하는 금전

㉯ 가맹점사업자가 사업을 영위하기 위하여 가맹본부로부터 공급받는 상품·원재료·부재료·정착물·설비·자재의 가격 또는 부동산의 임차료에 대하여 가맹본부에 정기적으로 지급하는 금전 중 적정한 도매가격을 초과하는 금전

2. 공정거래위원회는 제1항제1호 나목 및 제3호 나목의 규정에 의한 적정한 도매가격을 정하여 고시할 수 있다.

제4조 (정보공개서의 기재사항)

1. 법 제2조제10호에서 "대통령령이 정하는 사항"이라 함은 별표 1의 기재사

항(이하 "정보공개사항"이라 한다)을 말한다.

2. 정보공개서는 표지·목차 및 정보공개사항으로 구성하되 명확하고 구체적으로 작성되어야 한다.

3. 공정거래위원회는 필요하다고 인정하는 경우 정보공개사항에 대하여 업종별·업태별 또는 용도별로 세부적인 사항을 정하여 고시할 수 있다.

제5조 (적용배제)

1. 법 제3조제1호에서 "대통령령이 정하는 금액"이라 함은 100만 원을 말한다.

2. 법 제3조제2호에서 "대통령령이 정하는 일정규모"라 함은 5천만 원을 말한다.

제6조 (정보공개서의 제공 등)

1. 가맹본부는 법 제7조제1항의 규정에 의하여 정보공개사항을 하나의 정보공개서에 수록하여 다음 각호의 1에 해당하는 방법으로 가맹희망자에게 제공하여야 한다.

   가. 정보공개서를 가맹본부의 사무소에 비치한 후 가맹희망자에게 이를 열람하게 하는 방법

   나. 가맹희망자에게 정보공개서를 직접 전달하는 방법

   다. 정보통신망이용촉진및정보보호등에관한법률 제2조제1호의 규정에 의한 정보통신망을 이용하여 정보공개서의 내용을 게재한 후 게재사실을 가맹희망자에게 통보하는 방법

2. 가맹본부는 제1항의 규정에 불구하고 가맹희망자의 편의를 위하여 필요하다고 인정하는 때에는 정보공개사항의 일부에 관하여 별도의 문서(이하 "설명서"라 한다)를 작성하여 이를 제공할 수 있다. 이 경우 설명서에 수록되는 정보공개사항의 목차는 정보공개서에 수록하여야 한다.

3. 가맹본부는 정보공개사항의 변경이 있는 때에는 가맹계약서를 교부하는 날까지 가맹희망자에게 변경된 내용을 문서로 제공하여야 한다.

4. 가맹본부는 법 제8조제1항의 규정에 의하여 정보공개서를 갱신한 이후에 변경된 정보공개사항은 설명서를 통하여 제공할 수 있다.

제7조 (정보공개서의 표준양식) 공정거래위원회는 법 제7조제2항의 규정에 의하여 각 업종별·업태별 또는 용도별로 정보공개서의 표준양식을 정하여 고시할 수 있다.

제8조 (정보공개서의 중요사항)법 제8조제2항에서 "대통령령이 정하는 중요한 사항"
이라 함은 다음 각호의 사항을 말한다.
1. 가맹본부의 상호·명칭, 사무소의 소재지 및 당해 가맹사업의 영업표지에
   관한 사항
2. 가맹본부 임원의 법위반사실에 관한 사항
3. 가맹점사업자의 부담에 관한 사항
4. 영업활동에 대한 조건 및 제한에 관한 사항
5. 교육·훈련프로그램에 관한 사항

제9조 (수익률의 표시·광고 또는 설명에 대한 자료)
1. 법 제9조제2항에서 "대통령령이 정하는 자료"라 함은 다음 각호의 자료를
   말한다.
   가. 현재수익 또는 예상수익의 산출에 사용된 사실적인 근거와 예측에 관
       한 자료
   나. 현재수익 또는 예상수익의 산출근거가 되는 지역시장 내에 위치한 가
       맹사업의 점포(직영점과 가맹점을 포함한다. 이하 같다)의 수와 그
       비율
   다. 최근의 일정기간 동안에 가맹본부나 가맹중개인이 표시 또는 설명
       하는 현재수익 또는 예상수익과 같은 수준의 수익을 올리는 가맹점
       사업자의 수와 그 비율(이 경우 최근의 일정기간에 대하여 시작하
       는 날짜와 끝나는 날짜를 표시하여야 한다)
2. 공정거래위원회는 제1항의 규정에 의한 자료에 대하여 업종별·업태별 또
   는 용도별로 세부적인 사항을 정하여 고시할 수 있다.

제10조 (가맹금 반환의 요구)법 제10조제1항의 규정에 의하여 가맹금의 반환을 요
구하고자 하는 가맹점사업자 또는 가맹희망자는 다음 각호의 사항이 기재된
서면으로 요구하여야 한다.
1. 가맹금의 반환을 요구하는 가맹점사업자 또는 가맹희망자의 주소·성명
2. 가맹본부가 허위 또는 과장된 정보를 제공하거나 제8조의 규정에 의한 중
   요한 사항을 누락한 사실
3. 가맹본부가 허위 또는 과장된 정보를 제공하거나 제8조의 규정에 의한 중요

한 사항을 누락하여 계약체결에 중대한 영향을 준 것으로 인정되는 사실

4. 가맹본부가 정당한 이유 없이 가맹사업을 일방적으로 중단한 사실과 그 일자

5. 반환대상이 되는 가맹금의 금액

제11조 (가맹사업의 중단일)법 제10조제1항제3호 전단에서 "대통령령이 정하는 가맹사업의 중단일"이라 함은 다음 각호의 1에 해당하는 날을 말한다.

1. 가맹본부가 가맹점사업자에게 가맹사업의 중단일을 통지하는 경우에는 그 통지가 가맹점사업자에게 도달된 날

2. 가맹본부가 가맹점사업자에게 미리 통지함이 없이 가맹사업을 영위하는 데 중대한 영향을 미치는 부동산·용역·설비·상품 등의 거래를 20일 이상 중단하고 가맹점사업자가 서면으로 거래재개일을 정하여 거래재개를 요청하였음에도 불구하고 가맹본부가 이에 응하지 아니한 경우에는 위 서면으로 정한 거래재개일

제12조 (가맹사업당사자의 권리·의무에 관한 사항) 법 제11조제2항제9호에서 "대통령령이 정하는 사항"이라 함은 다음 각호의 1에 해당하는 사항을 말한다.

1. 가맹금 등 금전의 반환조건에 관한 사항

2. 가맹점사업자의 영업설비·집기 등의 설치와 유지·보수 및 그 비용의 부담에 관한 사항

3. 가맹계약의 종료에 따른 조치 사항

[본조제목개정 2003.06.13.]

제13조 (불공정거래행위의 유형 또는 기준)

1. 법 제12조제2항의 규정에 의한 불공정거래행위의 유형 또는 기준은 별표 2와 같다.

2. 공정거래위원회는 필요하다고 인정하는 경우에 별표 2의 유형 또는 기준의 범위 내에서 특정업종 또는 특정행위에 적용되는 세부적인 불공정거래행위의 유형 또는 기준을 정하여 고시할 수 있다.

제14조 (가맹계약의 종료사유)법 제13조제2항 단서에서 "대통령령이 정하는 부득
　　이한 사유"라 함은 다음 각호의 1에 해당하는 경우를 말한다.
　　　1. 가맹본부나 가맹점사업자에게 파산·화의 등의 신청이 있거나 회사정리절
　　　　차 및 강제집행절차가 개시된 경우
　　　2. 가맹본부나 가맹점사업자가 발행한 어음·수표가 부도 등으로 지불정지된
　　　　경우

제15조 (가맹계약의 해지사유)법 제14조제1항 단서에서 "대통령령이 정하는 경우"라
　　함은 다음 각호의 1에 해당하는 경우를 말한다.
　　　1. 가맹점사업자에게 파산·화의 등의 신청이 있거나 회사정리절차 및 강제
　　　　집행절차가 개시된 경우
　　　2. 가맹점사업자가 발행한 어음·수표가 부도 등으로 지불정지된 경우
　　　3. 천재지변 등으로 가맹점사업자가 더 이상 가맹사업을 영위할 수 없게 된 경우
　　　4. 가맹점사업자가 공연히 허위사실을 유포함으로써 가맹본부의 명성이나 신
　　　　용을 현저히 훼손하여 가맹사업에 중대한 장애를 초래한 경우
　　　5. 가맹점사업자가 가맹계약당시부터 가맹본부의 영업비밀이나 중요정보를
　　　　유출하는 등 가맹본부의 가맹사업을 훼손할 목적으로 가맹계약을 체결하
　　　　여 운영하는 경우

제16조 (자율규약의 심사요청) 가맹본부 또는 가맹본부를 구성원으로 하는 사업자단
　　체는 법 제15조제2항의 규정에 의하여 자율규약의 심사를 요청하고자 하는
　　때에는 공정거래위원회에 다음 각호의 사항을 기재한 서면과 심사요청의
　　대상이 되는 자율규약의 사본을 제출하여야 한다.
　　　1. 심사요청인의 주소와 성명
　　　2. 자율규약의 제정배경
　　　3. 자율규약의 주요골자와 그 취지
제17조 (가맹사업거래분쟁조정협의회의 설치 단체)법 제16조제1항에서 "대통령령이
　　정하는 사업자단체"라 함은 사단법인 한국프랜차이즈협회를 말한다.

제18조 (협의회의 회의)
　　　1. 법 제16조제1항의 규정에 의한 가맹사업거래분쟁조정협의회(이하 "협의

회"라 한다)의 위원장이 법 제19조제1항의 규정에 의하여 협의회의 회의를 소집하고자 하는 때에는 위원들에게 회의개최 7일 전까지 회의의 일시·장소 및 안건을 서면으로 통지하여야 한다. 다만, 긴급을 요하는 경우에는 그러하지 아니하다.

2. 협의회의 회의는 공개하지 아니한다. 다만, 위원장이 필요하다고 인정하는 때에는 분쟁당사자 그 밖의 이해관계인에게 방청하게 할 수 있다.

제19조 (분쟁조정의 신청)

1. 법 제22조제1항의 규정에 의하여 분쟁의 조정을 신청하고자 하는 자는 다음 각호의 사항이 기재된 서면을 협의회에 제출하여야 한다.

　　가. 신청인과 피신청인의 성명 및 주소(분쟁당사자가 법인인 경우에는 법인의 명칭, 주된 사무소의 소재지, 그 대표자의 성명 및 주소를 말한다)

　　나. 대리인이 있는 경우에는 그 성명 및 주소

　　다. 신청의 이유

2. 제1항의 규정에 의한 서면에는 다음 각호의 서류를 첨부하여야 한다.

　　가. 분쟁조정신청의 원인 및 사실을 증명하는 서류

　　나. 대리인이 신청하는 경우 그 위임장

　　다. 그 밖에 분쟁조정에 필요한 증거서류 또는 자료

제20조 (대표자의 선정)

1. 다수인이 공동으로 분쟁의 조정을 신청하는 때에는 신청인 중 3인 이내의 대표자를 선정할 수 있다.

2. 제1항의 규정에 의하여 신청인이 대표자를 선정하지 아니한 경우 위원장은 신청인에게 대표자를 선정할 것을 권고할 수 있다.

3. 신청인은 대표자를 변경하는 때에는 그 사실을 지체 없이 위원장에게 통지하여야 한다.

제21조 (분쟁조정신청의 보완 등)

1. 위원장은 제19조의 규정에 의한 분쟁조정의 신청에 대하여 보완이 필요하다고 인정될 때에는 상당한 기간을 정하여 그 보완을 요구하여야 한다.

2. 제1항의 규정에 의한 보완에 소요된 기간은 법 제23조제3항제2호의 규정
  에 의한 기간에 이를 산입하지 아니한다.

제22조 (분쟁조정의 거부 및 중지하는 내용 등)법 제23조제2항제3호에서 "대통령령
  이 정하는 사항이 발생하는 경우"라 함은 다음 각호의 1에 해당하는 경우
  를 말한다.
  1. 신청인이 정당한 사유 없이 기한 내에 분쟁조정신청을 보완하지 아니한
    경우
  2. 신청의 내용과 직접적인 이해관계가 없는 자가 조정신청을 한 경우
  3. 신청인이 부당한 이익을 얻을 목적으로 조정신청을 한 것으로 인정되는
    경우
  4. 분쟁의 성격상 조정을 하는 것이 적당하지 아니하다고 인정되는 경우

제23조 (분쟁조정의 종료 등) 협의회는 법 제23조제4항의 규정에 의하여 조정을 거
  부 또는 중지하거나 조정절차를 종료한 경우에는 다음 각호의 사항이 기재
  된 분쟁조정종료서를 작성한 후 그 사본을 첨부하여 공정거래위원회에 보
  고하여야 한다.
  1. 조정신청인의 주소 · 성명
  2. 조정대상 분쟁의 개요
      가. 가맹사업거래 당사자의 일반현황
      나. 가맹사업거래의 개요
      다. 분쟁의 경위
      라. 조정의 쟁점(가맹사업거래 당사자의 의견을 기술한다)
  3. 조정의 거부 · 중지 또는 종료사유(법 제23조제2항 및 제3항 각호에 규정
    된 사유별로 상세하게 기술한다)

제24조 (분쟁당사자의 사실확인 등)
  1. 협의회는 법 제23조제5항의 규정에 의하여 분쟁당사자에 대하여 출석을
    요구하고자 하는 때에는 시기 및 장소를 정하여 출석요구일 7일 전까지
    분쟁당사자에게 통지하여야 한다. 다만, 긴급을 요하거나 출석의 통지를
    받은 자가 동의하는 경우에는 그러하지 아니하다.

2. 제1항의 통지를 받은 분쟁당사자는 협의회에 출석할 수 없는 부득이한 사유가 있는 경우에는 미리 서면으로 의견을 제출할 수 있다.

제25조 (분쟁의 조정 등) 협의회는 법 제24조제1항의 규정에 의한 분쟁의 조정이 성립된 경우에는 다음 각호의 사항이 기재된 조정조서를 작성한 후 그 사본을 첨부하여 조정결과를 공정거래위원회에 보고하여야 한다.
  1. 조정신청인의 주소·성명
  2. 조정대상 분쟁의 개요
      가. 가맹사업거래 당사자의 일반현황
      나. 가맹사업거래의 개요
      다. 분쟁의 경위
      라. 조정의 쟁점(가맹사업거래 당사자의 의견을 기술한다)
  3. 조정의 결과(조정의 쟁점별로 기술한다)

제26조 (분쟁당사자의 지위승계)
  1. 협의회는 조정절차가 종료되기 전에 분쟁당사자가 사망하거나 능력의 상실 그밖에 사유로 절차를 계속할 수 없는 경우에는 법령에 의하여 그 지위를 승계한 자가 분쟁당사자의 지위를 승계하게 할 수 있다.
  2. 제1항의 규정에 의하여 분쟁당사자의 지위를 승계하고자 하는 자는 서면으로 협의회에 신청하여야 한다.
  3. 협의회가 제2항의 규정에 의한 신청을 받은 때에는 지체 없이 이를 심사하여 승계여부를 결정하고, 그 내용을 신청인에게 서면으로 통지하여야 한다.

제27조 (소제기의 통지) 분쟁당사자는 분쟁조정신청 후 당해 사건에 대하여 소를 제기한 때에는 지체 없이 이를 협의회에 통지하여야 한다.

제28조 (가맹사업거래상담사 자격시험)
  1. 공정거래위원회는 법 제27조의 규정에 의한 가맹사업거래상담사(이하 "상담사"라 한다) 자격시험(이하 "시험"이라 한다)을 제1차시험과 제2차시험으로 구분하여 매년 1회 이상 실시한다.
  2. 공정거래위원회는 시험을 시행하고자 할 때에 시험의 일시·장소·방법·

과목·응시자격 및 응시절차 등 필요한 사항을 시험시행일 30일 전에 정기간행물의등록등에관한법률 제7조제1항제8호의 규정에 따라 전국을 보급지역으로 등록한 일간신문 등에 공고하여야 한다.

3. 제2차시험은 제1차시험에 합격한 자 또는 제1차시험을 면제받은 자에 한하여 응시할 수 있다.

4. 시험방법은 다음 각호에 의한다.

가. 제1차시험은 선택형으로 하되, 기입형을 가미할 수 있다.

나. 제2차시험은 논문형으로 하되, 기입형을 가미할 수 있다.

5. 제1차시험 및 제2차시험의 과목은 별표 3과 같다.

6. 제1차시험에 합격한 자에 대하여는 다음 회의 시험에 한하여 제1차시험을 면제한다.

7. 시험의 합격자는 매 과목 100점을 만점으로 하여 매 과목 40점 이상, 전 과목 평균 60점 이상을 득점한 자로 한다.

8. 공정거래위원회는 시험의 합격자가 결정된 때에는 이를 관보에 게재하고, 합격자에 대하여는 합격증서를 교부하여야 한다.

9. 시험에서 부정행위를 한 자에 대하여는 그 시험을 정지하거나 무효로 하고, 그 시험시행일부터 3년간 응시자격을 정지한다.

10. 시험의 응시자격, 시험방법, 시험문제의 출제, 시험합격자의 결정 등 시험의 시행에 관하여 필요한 사항을 심의하기 위하여 공정거래위원회에 가맹사업거래상담사시험위원회를 둘 수 있다.

11. 그 밖에 시험관리에 관하여 필요한 사항은 공정거래위원회가 정하여 고시한다.

[전문개정 2004.3.22]

제29조 (응시수수료)

1. 시험에 응시하고자 하는 자는 공정거래위원회가 정하는 금액의 응시수수료를 납부하여야 한다.

2. 제1항의 규정에 따라 납부한 응시수수료는 시험에 응시하지 아니한 경우에도 이를 반환하지 아니한다.

[전문개정 2004.3.22]

제29조의2 삭제 [2004.3.22]

제30조 (상담사의 실무수습)
 1. 상담사의 실무수습 기간은 60시간 이상으로 한다.
 2. 실무수습의 구체적인 내용, 기간 및 방법 등은 공정거래위원회가 정하여 고시한다.

[전문개정 2004.3.22]

제31조 (자격증의 교부)
 1. 공정거래위원회는 상담사의 자격을 갖춘 자에게 자격증을 교부한다.
 2. 상담사 자격증의 교부에 관하여 필요한 사항은 공정거래위원회 고시로 정한다.

[전문개정 2004.3.22]

제32조 (상담사의 등록 등)
 1. 법 제29조제1항의 규정에 의하여 상담사등록을 하고자 하는 자는 공정거래위원회가 정하는 바에 의하여 등록신청서를 공정거래위원회에 제출하여야 한다.
 2. 공정거래위원회는 제1항의 규정에 의한 등록신청이 있는 때에는 상담사등록부에 다음 각호의 사항을 기재하고 신청인에게 등록증을 교부하여야 한다.
   가. 상담사의 주소·성명 및 주민등록번호
   나. 사무소의 명칭 및 소재지
   다. 등록번호
   라. 그 밖에 공정거래위원회가 정하는 사항
 3. 상담사등록을 한 자가 제2항의 규정에 의하여 교부받은 등록증을 잃어버리거나 그 등록증이 못쓰게 된 때에는 재교부신청서를 공정거래위원회에

제출하여야 한다.

4. 제3항의 규정에 의하여 등록증의 재교부를 받은 후 잃어버렸던 등록증을 발견한 때에는 지체 없이 이를 반환하여야 한다.

제33조 (시정권고절차)법 제34조제1항의 규정에 의한 시정권고는 다음 각호의 사항을 명시한 서면으로 하여야 한다.

1. 법위반내용
2. 권고사항
3. 시정기한
4. 수락여부통지기한
5. 수락거부 시의 조치

제34조 (과징금의 산정방법)법 제35조에서 "대통령령이 정하는 매출액"이라 함은 당해 가맹본부의 위반행위 직전 3개 사업연도의 평균매출액을 말한다. 다만, 당해 사업연도 초일 현재 사업을 개시한 지 3년이 되지 아니하는 경우에는 사업개시일부터 위반행위 직전 사업연도 말일까지의 매출액을, 당해 사업연도에 사업을 개시한 경우에는 사업개시일부터 위반행위일까지의 매출액을 연 매출액으로 환산한 금액으로 한다.

제35조 (손해배상청구의 준용제한)법 제37조제3항 단서에서 "대통령령이 정하는 경우"라 함은 다음 각호의 경우를 말한다.

1. 법률을 위반한 사업자의 연간매출액이 30억 원 미만인 경우
2. 법률을 위반한 사업자의 관련 상품·용역의 시장점유율이 10퍼센트 미만인 경우(다만, 10퍼센트 미만이더라도 상위 3위 이내의 사업자를 제외한다)
3. 위반행위의 파급효과가 1개의 시나, 군 또는 구 지역에 한정되거나, 2개 이상의 시나, 군 또는 구 지역에 걸치더라도 그 파급효과가 1개의 시나, 군 또는 구 지역에 한정된다고 인정되는 경우

제36조 (시험 및 실무수습의 시행·관리 업무의 위탁)

1. 공정거래위원회는 법 제39조제2항의 규정에 따라 시험의 시행 및 관리 업

무를 가맹사업거래의 합리화를 목적으로 민법 제32조의 규정에 따라 설립된 법인 또는 한국산업인력공단법에 의한 한국산업인력공단에 위탁할 수 있다.

2. 공정거래위원회는 법 제39조제2항의 규정에 따라 제30조의 규정에 의한 실무수습의 시행 및 관리 업무를 가맹사업거래의 합리화를 목적으로 민법 제32조의 규정에 따라 설립된 법인 또는 가맹사업관련 교육업무에 관하여 전문성과 경험을 갖춘 법인이나 단체에 위탁할 수 있다.

[본조신설 2004.3.22]

부 칙

부칙
이 영은 공포한 날부터 시행한다.

부칙 [2003.06.13.]
이 영은 공포한 날부터 시행한다.

부칙 [2004.3.22.]
이 영은 공포한 날부터 시행한다.

조규호

서강대학교 경제학과 졸업
서강대학교 대학원 경영학과 졸업
충북대학교 대학원 경영학박사

서울벤처정보대학원대학교 교수 역임
한국창업교육원 원장 역임
중소기업청 소상공인지원센터장 역임
대외경제정책연구원(재경부 산하) 연구원
중소기업진흥공단, 한국산업기술진흥협회 근무
현재 서원대학교 경영학부 교수 재직 중

주요 활동 및 논저:
월간 '창업시대' 발행인(2003년 3월-2004년 6월)
MBN, KBS, CBS, MBC 등에서 창업관련 방송활동
('96.8-2004.10)
「프랜차이즈 시스템에서 운영구조 및 관계적 특성이 신
뢰 및 몰입에 미치는 영향」
「프랜차이즈 시스템에 대한 새로운 관점 제시 : 네트워
크이론의 적용」
「택배서비스의 지각된 품질요인이 고객만족을 매개로 한
재이용의도에 미치는 영향」
「기업가정신이 농촌관광 성과에 미치는 영향」
「농촌관광 사업 성과 결정모형 제시를 통한 농촌관광 정
책방향 연구」 등
『작은 부자들』 (단행본)

프랜차이즈 시스템의 심층적 理解: 관계마케팅 어프로치

• 초판 인쇄	2006년 11월 10일
• 초판 발행	2006년 11월 10일
• 지 은 이	조규호
• 펴 낸 이	채종준
• 펴 낸 곳	한국학술정보㈜
	경기도 파주시 교하읍 문발리 526-2
	파주출판문화정보산업단지
	전화 031) 908-3181(대표) · 팩스 031) 908-3189
	홈페이지 http://www.kstudy.com
	e-mail(출판사업팀사업부) publish@kstudy.com
• 등 록	제일산-115호(2000. 6. 19)
• 가 격	22,000원

ISBN   89-534-5902-8 93320 (Paper Book)
           89-534-5903-6 98320 (e-Book)